"Durante más de dos décadas David Bach ha cambiado vidas a través de sus simples pero impactantes enseñanzas sobre dinero, inversiones, ahorros y construcción de riqueza. Lo sé porque presenté los principios del *factor latte* en *El show de Oprah Winfrey* y observé a David transformar decenas de millones de vidas. Y no sólo hablamos sobre el *factor latte*… ¡lo pusimos en práctica!"

—Candi Carter, productora ejecutiva de *The View* y antigua productora de *El show de Oprah Winfrey*

"David Bach mueve audiencias alrededor del mundo con su mensaje de esperanza e inspiración. *El factor latte* tocará tu corazón y animará tu alma. Vale mucho la pena que le pongas atención, lo contemples e implementes."

—Robin Sharma, autor de *bestsellers* internacionales como *El monje que vendió su Ferrari* y *The 5 AM Club*

"David Bach es el mayor experto de finanzas personales y *El factor latte* muestra por qué. Sabe enseñar cómo lograr la libertad financiera mejor que nadie. Lo mejor de todo: la hermosa historia de este libro es tan real, tan cercana, que querrás seguir estos sencillos pasos para crear riqueza y una vida verdaderamente rica. Amé cada página."

—Brendon Burchard, autor de *Hábitos de alto impacto*, *bestseller* #1 del *New York Times*

"Hay una razón por la que los libros de David Bach han vendido más de siete millones de copias: funcionan. Esta gran historia te inspirará a poner manos a la obra para vivir la mejor vida. De verdad, no necesitas ser rico para empezar a invertir y perseguir tus sueños."

—Jean Chatzky, editor financiero de *Today*, un programa de NBC y conductor del podcast *HerMoney*

T0284477

"El consejo de David Bach es magistral. Simplifica lo complicado. Literal, es un proceso de tres pasos para la libertad financiera. ¡Puedes lograrlo!"

—Jon Gordon, autor de los *bestsellers El bus de la energía* y *El poder de un equipo positivo*

"Un clásico instantáneo, *El factor latte* es el regalo perfecto para personas de cualquier edad que no les gusta pensar en las finanzas (y por eso son más pobres e infelices). Invierte una hora para leer este libro y cosecha beneficios positivos ¡de por vida!"

—Ken Blanchard, coautor de *The New One Minute Manager®* y del *bestseller #1: El secreto: lo que los grandes líderes saben ¡y hacen!*

"Todos los estudiantes del mundo deben leer este libro. El consejo de David es muy poderoso porque es fácil de implementar y la historia que comparte es sincera e inspiradora."

—Doctora Jennifer Aaker, profesora General Atlantic en la Escuela de Posgrado de Negocios de Stanford

"David Bach no deja de sorprenderme con su genio para hacer del complejo mundo de las finanzas algo accesible para todos con su genuina preocupación por crear un impacto en la vida de la gente. ¡*El factor latte* es un libro para todo momento!"

—Louis Barajas, autor de *The Latino Journey to Financial Greatness*

"El experto en finanzas, David Bach, ha inspirado millones de vidas con su método del *factor latte*. Lee este libro y compártelo con los que más te importan. En menos de una hora aprenderás a convertirte en un *financial grownup*."

—Bobbi Rebell, CFP®, autora de *How to Be a Financial Grownup*, conductora del podcast *Financial Grownup* y antigua presentadora de negocios de la agencia Reuters

"¡Un libro maravilloso, cautivador, divertido e inspirador! La historia te gustará tanto que olvidarás que, en realidad, un maestro en el tema te está dando lecciones para cambiar tu vida."

—Bob Burg, coautor del *bestseller Dar para recibir*

EL
FACTOR
LATTE

EL FACTOR LATTE

DAVID BACH
Y JOHN DAVID MANN

AGUILAR

El factor latte

Por qué no necesitas ser rico para vivir como rico

Título original: *The Latte Factor*

Primera edición: febrero, 2020

D. R. © 2019, David Bach
D. R. © 2019, John David Mann

D. R. © 2020, derechos de edición mundiales en lengua castellana:
Penguin Random House Grupo Editorial, S. A. de C. V.
Blvd. Miguel de Cervantes Saavedra núm. 301, 1er piso,
colonia Granada, alcaldía Miguel Hidalgo, C. P. 11520,
Ciudad de México

www.megustaleer.mx

D. R. © 2019, Elena Preciado Gutiérrez, por la traducción

ISBN: 978-607-318-949-1

Impreso en México – *Printed in Mexico*

El papel utilizado para la impresión de este libro ha sido fabricado a partir de madera
procedente de bosques y plantaciones gestionadas con los más altos estándares ambientales,
garantizando una explotación de los recursos sostenible con el medio ambiente y beneficiosa para las personas.

Penguin
Random House
Grupo Editorial

A Oprah Winfrey,
quien me dio la oportunidad de compartir el
factor latte en su maravilloso programa y alcanzar
a decenas de millones de personas.

A Paulo Coelho;
tus palabras: "David, ¡tienes que hacer ese
libro!", me alentaron a escribir *El factor latte*.

A Alatia Bradley Bach,
quien me escuchó hablar sobre este libro durante
una década y nunca dudó que lo haría.

Estoy más que agradecido con ustedes.

Índice

Capítulo 1
El Óculo

Un lunes en la mañana, mientras abordaba el tren L al trabajo como todos los días, Zoey tomó un sorbo de su latte doble y vio la fotografía.

Pensó en ella durante los cuarenta minutos que le tomaba viajar al oeste y después al sur; de Brooklyn a su última parada en Lower Manhattan. Y también mientras se levantaba para salir del tren junto a otros mil pasajeros.

¿Qué tenía esa fotografía?

Se abrieron las puertas del vagón del metro y Zoey se volvió una gota en el océano de viajeros que se derramaban en el Fulton Center, el punto donde convergen casi todas las líneas de metro de Lower Manhattan. La ola la llevó por el pasillo de azulejos grises y salió al gran espacio abierto debajo del World Trade Center, donde se detuvo, mientras las personas fluían a su alrededor. Levantó la vista al techo cavernoso. Parecían las costillas de un enorme pájaro de acero, un fénix que se levantó de las cenizas del 11 de septiembre.

Avanzó de nuevo, sintiendo la inmensidad del lugar mientras caminaba. Ciento ochenta metros de mármol italiano, blanco y puro. Era como estar en una enorme catedral.

El Óculo. La entrada a uno de los memoriales más famosos y un destino turístico mundial. Zoey pasaba por ahí todos los días (de hecho, dos veces: una de ida al trabajo y otra de regreso a casa) y, aun así, nunca se había detenido a contemplarlo.

Entró en el pasillo recubierto de mármol blanco del West Concourse, con su enorme pantalla de LED sobre toda la pared a su izquierda, casi tan larga como un estadio de futbol. Por lo general, ignoraba la rotación constante de comerciales y avisos de servicios públicos, intentando sólo llegar a la escalera eléctrica. Hoy, la imagen llenó la gran pantalla e hizo que Zoey se detuviera de nuevo.

La imagen mostraba un barco de pesca, con tripulación, redes y todo, muy similar al de la fotografía que no podía sacar de su mente. Sólo que, en lugar de estar en el muelle, este bote estaba varado en medio del desierto.

"Qué raro", pensó Zoey. Raro y muy inquietante.

Mientras miraba, enormes letras se desplazaban por la imagen deletreando el siguiente mensaje:

Si no sabes a dónde vas,
quizá no te guste el lugar donde termines.

Momentos después la imagen se disolvió, remplazada por más comerciales.

Zoey siguió caminando.

Cuando llegó al final del pasillo, subió a las escaleras eléctricas que la llevaban dos pisos arriba al atrio de cristal iluminado por el sol. Salió y giró hacia West Street, el sol dio en sus ojos, frente al edificio donde trabajaba. One World Trade Center, el edificio más alto del hemisferio oeste. Ésta era su rutina diaria. Amaba pararse en este punto, echar la cabeza hacia atrás y mirar hacia arriba, tratando de ver la punta de la enorme torre que se alargaba hacia el cielo.

Aunque hoy su mente estaba en otro lado.

Si no sabes a dónde vas, quizá no te guste el lugar donde termines.

Era un comercial de algo (compañía de seguros, de coches, aplicación para viajes, no podía recordar de qué). ¿No tuvo Jessica algo que ver con ese eslogan? Fuera lo que fuera, le parecía que era uno de los clientes de su amiga. Aun así, esta mañana lo sintió como un mensaje personal y directo para ella... Y la carcomía.

Igual que la fotografía. Esa que no podía sacar de su mente.

De repente recordó el latte en su mano izquierda y le dio un sorbo. Ya estaba frío.

En un día normal, hubiera cruzado la calle, entrado al edificio y subido en elevador hasta su oficina en el piso 33. Ese día se desvió de su camino usual. Después de cruzar por West Street, giró a la derecha, alejándose del One World Trade Center, y caminó hacia los espejos de agua, las dos enormes fuentes cuadradas construidas en el mismo lugar donde antes estuvieron las Torres Gemelas, rodeadas de muros bajos recubiertos de mármol negro con un sinfín de nombres tallados en su superficie.

El Memorial del 11 de septiembre.

Se detuvo en el espejo norte y miró abajo, hacia la fuente. Sintió la superficie de mármol y leyó la primera docena de nombres. Había tantos... Miles de personas murieron ahí, en esos oscuros días de septiembre de 2001. En aquel entonces, Zoey estaba en la primaria. Miró las grandes alas del Óculo que sobresalían de los rascacielos.

¿Por qué hoy todo se veía tan diferente para ella?

Si no sabes a dónde vas, quizá no te guste el lugar donde termines.

¿A dónde iba Zoey? ¿Dónde esperaba terminar?

¿Alguna vez lo había pensado?

Un hombre se detuvo un segundo para ver el reloj de su muñeca y se apuró. Zoey reaccionó. Llegaría tarde al trabajo.

Empezó por dar la vuelta para regresar al One World Trade Center, pero algo la mantenía en su lugar. En vez de eso caminó a la banca de concreto más cercana y se sentó, con el latte frío en la mano mientras fluía la corriente de turistas, trabajadores que viajan diario y personas locales. Susurró para sí: "¿Qué estoy haciendo con mi vida?"

Capítulo 2
La fotografía

Como cada lunes por la mañana, el día impactó con toda su fuerza cuando Zoey salió del elevador en el piso 33. El viernes era la fecha límite para la edición de primavera y todos en la oficina estaban a toda máquina. Una lluvia de artículos, biografías y fotografías demandaba la atención de Zoey (ciclismo de montaña en Ecuador, cata de vino en los Balcanes, reportajes fotográficos con la firma de viajeros famosos) y era su trabajo dar forma y pulir sus garabatos para convertirlos en una prosa perfecta y brillante.

Zoey trabajaba en una gran editorial con oficinas en el One World Trade Center. Lo llamaban la Torre Libertad. Para ella siempre fue un poco irónico porque, por mucho que le gustara la carga de trabajo, en realidad no describiría el tiempo que pasaba dentro de esos muros como libre. Agradecía su puesto, pero trabajaba varias horas extra y su sueldo no era tan glamuroso como los lectores pensaban.

Y hablando de ironía: aquí estaba, con veintisiete años de edad, una editora asociada de una revista de viajes famosa que jamás había salido de Estados Unidos. O al oeste del Mississippi, por lo menos. Ni siquiera tenía pasaporte.

Una editora de viajes que nunca viajaba.

Acomodó su laptop, la abrió, inició sesión en la red de la empresa y empezó a trabajar, sus dedos volaban sobre el teclado.

Zoey funcionaba bien en ese caos. Las dementes fechas límite de entrega, los cambios de contenido de último minuto, el reto de tomar un texto que va de decente a mediocre, darle forma y crear un producto de calidad. Alejó ese vago sentido de ansiedad que había tenido y se inclinó sobre su teclado mientras se dejaba llevar por el ritmo del lugar.

—¿Ya tenemos hambre?

Zoey se estiró en su silla y movió el cuello para quitarse el dolor. ¿En serio ya era más de la una? Volteó y encontró a su jefa mirándola detrás de la división que definía su espacio de trabajo.

—Incluso los viajeros mundiales virtuales deben comer de vez en cuando —agregó su jefa.

Bárbara no estaba tan a la moda o se arreglaba tanto como la mayoría del personal de la revista. En el entorno exclusivo de Lower Manhattan, a veces Zoey sentía que Bárbara era una visitante de una ciudad pequeña que nunca se había adaptado a su nuevo ambiente. (Más o menos lo opuesto a Jessica, en otras palabras.) Pero era muy inteligente y tenía una empatía natural y un agudo sentido de lo que pasaba bajo la superficie de las cosas. Zoey suponía que eso la hacía tan buena directora de edición.

Cuando Zoey empezó ahí, hacía seis años, Bárbara la contrató y las dos conectaron de inmediato. Era una mujer con altas expectativas y estándares exigentes. Una jefa "dura", en ese sentido, pero sin presionar gente. Era más como si los jalara. No te daba miedo, pero no querías decepcionarla.

Y Zoey nunca lo hizo. Era una editora feroz y muy buena en su trabajo.

—Muero de hambre —dijo Zoey. Suspendió su laptop y siguió a Bárbara al elevador para subir a almorzar.

La cafetería de la compañía era un mirador al centro de Manhattan y el Hudson, con una buena vista de la Estatua de la Libertad. Con sus espacios abiertos y austera decoración, se parecía a cualquier café de lujo en Manhattan. Cuando Zoey empezó a trabajar ahí se acostumbró a ver algunas celebridades de vez en cuando.

Bárbara trajo su lonchera simple y metálica y la desempacó con mucho cuidado mientras Zoey fue a la fila del comedor y seleccionó una complicada ensalada de pollo con quinoa, almendras Marcona y vegetales orgánicos y tiernos. Mientras empezaba a comer, intentó hablar sobre el artículo en el que trabajaba, pero las charlas informales no eran su fuerte y se acabó después de dos oraciones.

En el breve silencio que siguió, Bárbara mordió su sándwich y miró a Zoey.

—Bueno —dijo por fin—. Pareces… desconcentrada. ¿Todo bien?

Ahí estaba la sagacidad de Bárbara. Zoey había tratado de olvidar el extraño estado de ánimo que tuvo esa mañana, pero su jefa lo sintió de todos modos.

Tomó un poco de aire y lo dejó salir. No estaba segura de dónde empezar, porque ni siquiera ella se entendía.

—Pensarás que es raro —empezó Zoey.

Bárbara mordió su sándwich de nuevo y asintió, como diciendo: *continúa*.

—De camino al tren, en la mañana, hay una cafetería a la que siempre paso, justo en Williamsburg —mientras describía dónde se ubicaba el lugar, Bárbara asintió de nuevo.

—Helena's Coffee.

—¿Lo conoces?

Bárbara miró a Zoey por encima del sándwich y dijo:

—¿Y luego?

—Bueno… pues ahí hay una fotografía enmarcada y colgada en la pared del fondo. Es decir, el lugar está lleno de fotografías. Pero hay una en particular…

La foto se veía de frente en la fila para ordenar, donde Zoey esperó su latte y muffin de desayuno. Helena's Coffee era el tipo de lugar donde los refrigerios siempre son ultrafrescos, el café es delicioso y las fotos en la pared son asombrosas.

Zoey describió la fotografía, después se quedó en silencio mientras seguía comiendo su ensalada.

—¿Y luego? —agregó Bárbara después de un momento.

—Y luego, no sé. Sólo he pensado en ella todo el día, eso es todo. No estoy segura de por qué.

Zoey esculpía oraciones claras para vivir, pero ahora no estaba haciendo un buen trabajo.

—Y la quieres.

Zoey suspiró. Claro que la quería.

Era una escena bastante simple: un pequeño pueblo costero al amanecer, los primeros rayos de sol arrojando tonos ámbar y dorados que brillaban como joyas y en primer plano unos pescadores preparándose para salir al mar. La hora dorada, le decían a ese momento, justo después de la salida del sol, cuando la luz enrojece y se vuelve casi líquida. Para Zoey había algo mágico en ella, un momento tranquilo, lleno de energía invisible, suspendido para la eternidad de un hilo de seda.

La fotografía era de buen tamaño, tal vez 120 centímetros de ancho por 90 de alto. Aun así, nunca había puesto mucha atención a los detalles porque nunca había pasado suficiente tiempo en el lugar como para acercarse y estudiarla de verdad. Cada mañana salía de su departamento (por lo general, un poco tarde), corría a la cafetería para recoger su latte doble y un muffin y después caminaba de prisa a la parada, justo a tiempo para que el tren L la llevara a Manhattan. Apenas tenía tiempo para mirar a su alrededor cuando pagaba la orden. Pero incluso en esos breves vistazos había algo en esa foto que siempre le llamaba la atención. Esa mañana hizo una pausa de medio minuto en su rutina para dejarse llevar y acercarse un paso o dos. En realidad, sólo fue un momento, pero suficiente para fijarla en su mente de manera vívida.

Sabía exactamente en qué punto de la pared de su estancia la colgaría. Aunque "estancia" es un poco grande, más bien era como su sala /comedor /oficina en casa. Zoey vivía con una compañera en un departamento apretado y pequeño. No había mucho que ver. Esa gran escena del océano iluminada por el sol transformaría el lugar.

—No es que quiera tenerla, es sólo…

¿Sólo qué? La fotografía había revuelto sentimientos en Zoey que ni siquiera podía describir, mucho menos explicar.

—No sé… —dijo moviendo la cabeza como quitando un pensamiento—. Ni siquiera sé si está en venta. Y aunque lo estuviera…

Y Bárbara dijo las siguientes tres palabras al mismo tiempo que ella, las dos en un perfecto unísono:

—*No puedo pagarla.*

En la canción de la vida de Zoey ése era el coro. Los versos tal vez eran inspiradores, aventurados o reflexivos, *me encantaría regresar a la escuela, recorrer el suroeste de Estados Unidos, viajar a Europa, tener un lugar con una recámara de verdad donde pueda escribir y hacer un poco de yoga,* pero siempre regresaba a la misma frase: *pero no puedo pagarlo.*

Y de verdad no podía. Brooklyn no era tan caro para vivir como Manhattan, pero no había mucha diferencia. Y además estaban sus préstamos estudiantiles, que le pesaban como una mochila de 100 kilos llena de piedras. Era bueno vivir en la ciudad donde no necesitaba un auto, porque si tuviera uno tal vez ya estaría embargado. ¿Auto? ¡Ja! Para como iban las cosas tal vez tendría que vender su bicicleta en el verano.

Zoey tenía la habilidad de las palabras y un buen sentido visual. ¿Pero los números? No eran lo suyo. Y era terrible con el dinero, desde siempre. Trató de organizar un presupuesto, como le dijo su madre ("presupuesto" tal vez era la palabra que más le desagradaba de todas las que existen en nuestro idioma). Sí, era un fracaso lamentable. En el trabajo era ultraestructurada y productiva, pero cuando se trataba de su dinero, tenía cero disciplina. Así eran las cosas. Ya era marzo y seguía enterrada bajo los intereses de las tarjetas de crédito que usó para comprar los regalos de amigos y familia de la Navidad pasada. Tal vez los de un año antes también, si se tomara el tiempo de revisar sus estados de cuenta. Recargos sobre recargos sobre recargos.

Sí, a Zoey le gustaba su trabajo y era buena en él. Pero apenas y llegaba a fin de mes. De hecho, ni siquiera llegaba, más bien era como si el final de un mes y el inicio de otro se alcanzaran de vez en cuando. Zoey pensaba que sería buena para un cartel de esos que tienen la frase "vivir al día".

Sin importar lo que en realidad costara la foto (¿500? ¿800? ¿1 000 dólares?) o si estaba a la venta, seguro era un monto de efectivo que *no* tenía a la mano para gastarlo en un antojo.

La voz de Bárbara cortó sus pensamientos:

—Deberías hablar con Henry.

—¿Henry?

—El señor más grande que veas ahí, en las mañanas, preparando el café. Ése es Henry.

Zoey tardó un momento en entender de qué hablaba Bárbara.

—¿Te refieres a la cafetería? ¿Conoces al barista del Helena's Coffee?

Bárbara se levantó y cerró su lonchera al mismo tiempo.

—Lo conozco desde hace años. Deberías ir y hablar con él. Ve las cosas… —hizo una pausa—, ve las cosas de forma *diferente*.

—¿Hablar con el barista? —repitió Zoey—. ¿Y decirle…?

Bárbara puso su característico rostro inexpresivo, una cara que veía todo y no daba nada.

—Sólo habla con él. Dile que te encanta la foto y ve qué te dice.

Zoey frunció el ceño.

—Confía en mí —dijo Bárbara—. Es bueno.

—¿Y me ayudará a hacer qué? ¿Escoger el boleto premiado de la lotería?

Bárbara se encogió de hombros y contestó:

—Tal vez eso no. Pero tú lo dijiste: no puedes pagarlo. Y eso te molesta. ¿Tengo razón?

Zoey no dijo nada. Claro que tenía razón. Era Bárbara.

LA FOTOGRAFÍA | 23

—Bueno, en ese caso —enfatizó Bárbara—, haz algo al respecto. Habla con Henry.

De regreso a su escritorio Zoey sintió una punzada de culpabilidad. No le dijo a Bárbara lo que en realidad le preocupaba. No era sólo la fotografía. Era otra cosa.

El trabajo de la agencia.

Dos viernes antes, tomando unos tragos, su antigua compañera de cuarto de la universidad, Jessica, le comentó de una vacante en la agencia de medios donde trabajaba.

—Eres un gran elemento, Zoe —le aseguró—. Eres inteligente, una fantástica escritora y la gente te adora. Serías perfecta.

Así que un día de la semana anterior Zoey fue al norte de la ciudad e hizo la entrevista para el trabajo. La misma noche, Jessica le llamó para contarle que, por lo que había oído, era de las favoritas.

—Había toneladas de candidatos, Zoe, pero tú lo hiciste perfecto.

Por lo tanto, el viernes anterior la agencia le llamó para darle la noticia: de manera oficial era la primera opción. Si Zoey quería el trabajo, era suyo, y con un sueldo mucho mayor del que tenía ahora. Sabía que significaba mayor estrés y un horario brutal (lo cual no le emocionaba para nada), pero el salario de esa agencia cambiaría las cosas.

El fin de semana habló con su mamá al respecto, quien no estaba muy segura de la idea.

—Ay, Zee —le dijo—. ¡Sé feliz con lo que tienes! Además, mi amor, el dinero no te dará más felicidad.

El dinero no dará más felicidad. ¿Cuántas veces escuchó eso mientras crecía?

Su padre intervino en la conversación (algo inusual).

—Piénsalo, Zoey —dijo.

Zoey sabía qué significaba eso: *no quiero ser directo y decirte que tomes el trabajo… pero sí, tal vez deberías hacerlo.*

Su papá hizo suficiente dinero como contratista general, hasta que su salud lo obligó a estar en un escritorio en algún edificio de una compañía de suministros. Recibía mucho menos dinero (y Zoey suponía que mucha menos diversión), pero lo manejaba bien. Además, a últimas fechas, su mamá sonaba más cansada de lo normal. *Sé feliz con lo que tienes.* Sus padres no eran infelices, de eso estaba segura, pero ¿podría describirlos como felices?

¿Y qué hay de ella misma?

Pensó de nuevo en la extraña imagen de esa mañana en el Óculo, la del bote varado en medio del desierto. *Si no sabes a dónde vas...*

La gente en la agencia le dio a Zoey una semana para trabajar en los detalles de dejar su trabajo actual y tomar la decisión oficial. Es decir, si Zoey quería entrar, necesitaba dar una respuesta firme y comprometida para ese viernes. Luego, Jessica y ella celebrarían el trato juntas en su típica cita de viernes de tragos después del trabajo.

La única alternativa que Zoey veía era seguir luchando en su salario actual y esperar otra promoción. Y mientras tanto, arreglárselas de alguna manera, quizá aceptando trabajos adicionales como *freelance* (escribiendo o editando), más la carga extra de trabajo que, por lo general, llevaba a casa después de salir de la oficina, para las noches y los fines de semana. Una idea que en definitiva no le emocionaba.

Pero ¿qué otra opción tenía?

Capítulo 3

Eres más rico de lo que crees

"Haz algo al respecto", dijo Bárbara. A la mañana siguiente, Zoey lo hizo. Se preparó para ir a trabajar y salió del departamento quince minutos antes. No veía el punto en hablar con el barista como sugirió Bárbara, pero al menos pasaría más tiempo dentro del Helena's Coffee y vería de cerca la fotografía.

Ordenó, se formó en la fila, tomó su latte doble y recorrió el lugar, observando todo. Los ladrillos expuestos, el techo abovedado (pintado de negro, lo que daba un gran efecto), las lámparas colgantes con focos de luz indirecta y las fotografías iluminadas de forma artística cubriendo las paredes hacían que el lugar se sintiera como una de las galerías de arte de moda en Brooklyn. De moda, pero a la vieja escuela.

Caminó alrededor de la cafetería, buscando la secuencia de imágenes. Algunas eran paisajes que te quitaban el aliento: picos de montañas cubiertas de nieve, rápidos ríos capturados al salpicar, tramos de vastos bosques. Algunas estaban en lugares que reconoció por su trabajo en la revista. Había una foto de la Gran Muralla; otra de unos jóvenes trabajando en los viñedos familiares en el Piamonte, Italia; una parvada de guacamayos de colores brillantes en la selva peruana…

Todas eran maravillosas, pero siguió caminando hasta que llegó a *la* foto.

Ésta era. Ésta. Se quedó parada, alejada unos dos metros, contemplándola.

En realidad no era una escena espectacular, al menos no en la superficie. Un pueblo costero al amanecer. Un barco pesquero a la derecha, preparándose para salir. La gente yendo y viniendo a lo largo del pequeño puerto, haciendo lo suyo.

¿Qué la atraía tanto?

Se acercó un poco, lo suficiente para leer la inscripción colocada justo debajo de la esquina derecha. ¡Ah! Así que en efecto tenía precio: 1 200 dólares.

El corazón de Zoey se encogió. Era caro para una foto, pero era una pieza excepcional. Y en realidad, 1 200 dólares no eran demasiado en el gran esquema de las cosas. Era menos que un mes de renta. Zoey debería ser capaz de pagarlo. Pero no recordaba la última vez que vio esa cantidad de dinero en su cuenta bancaria disponible para gastarla en lo que quisiera.

Bueno sí, ahora recordaba: nunca.

Se inclinó y observó la etiqueta de nuevo para ver dónde se tomó la foto, pero no decía. De hecho, además del precio, la única información adicional era el nombre de la fotografía, una sola palabra entre comillas:

"Sí"

Sí. Parecía un título extraño para una foto de un pueblo costero.

¿*Sí* qué? Aunque, ahora que la miraba de nuevo, en definitiva, se sentía como un *sí* para ella. ¿Dónde la tomaron? Tenía que ser alguna de las islas griegas.

—¿Dónde será? —murmuró—. ¿Rodas? ¿Santorini? —no, no era ahí—. ¿Creta?

—Mykonos.

La voz estaba tan cerca de su oído que la hizo saltar y casi tira su latte.

—Perdón —dijo el hombre—. No quería asustarte. Estabas muy concentrada —señaló la foto con la cabeza—. ¿Ésta te llamó la atención?

Zoey asintió y respondió:

—Es hermosa. La luz es impresionante. Muy *sí* —agregó ella señalando la etiqueta. El señor, ya grande, miró de cerca la etiqueta y asintió. Zoey le tendió la mano:

—Soy Zoey, Zoey Daniels.

El hombre la estrechó. Su piel era seca y fría, como un buen lienzo.

—Henry Haydn —respondió. Lo pronunció *hidin*—. Como el compositor —agregó—, aunque no tan famoso.

—Henry —repitió ella. Claro. Ahora lo reconocía: el barista—. Tal vez es más famoso de lo que cree.

El hombre inclinó la cabeza, como para decir: "¿Qué?"

—Mi jefa me comentó sobre usted —explicó Zoey—. Dijo que debía venir y hablarle.

—Ah —contestó—, ¿sobre qué?

Zoey abrió la boca para responder, después la cerró y le sonrió.

—Pues la verdad… ya sabe… no tengo idea.

Él sonrió e inclinó la cabeza hacia la foto.

—No veo que mucha gente se interese por ésta —dijo—. La mayoría se fija en las tomas más dramáticas, ¿sabes? Montañas, cañones, ríos rápidos, cosas como ésas.

Zoey entendía y dijo:

—Aunque ésta se ve tan… *viva*.

Henry asintió.

—En lo personal, de todas, es mi favorita.

Zoey se levantó e hizo un giro lento de 360 grados, mirando todo alrededor del lugar, después volvió hacia Henry.

—La mía también.

Él inclinó la cabeza de nuevo.

—Bueno, sigue a la venta, ¿sabes?

Zoey se rió.

—¡Me encantaría! Pero me temo que no puedo pagarla.

Henry señaló con la cabeza el latte que tenía en la mano.

—Si puedes pagar tu café —dijo y volteó la cabeza a la pared—, puedes pagar la fotografía.

—¿Perdón? —contestó Zoey. ¿Había escuchado bien? Eso ni siquiera tenía sentido.

—Tal vez eres más rica de lo que crees —respondió Henry.

Zoey sonrió de manera desconcertada y pensó: "Qué cosas tan extrañas dice". Aun así, le gustaba su energía.

—Es un pensamiento muy lindo —dijo—. Aunque en realidad, sólo estoy viendo —se inclinó hacia adelante para acercarse de nuevo, explorando el fondo a detalle: las estrechas calles empedradas, casas encaladas, puertas y persianas color azul rey.

—Mykonos… ¿cree?

Henry también se acercó, después asintió despacio:

—Sí.

—Es *tan* hermoso —Zoey suspiró—. Lo que en realidad me encantaría —añadió en voz baja, como hablando para sí—, sería estar ahí, oler la sal del aire, escuchar esas gaviotas. Capturar toda la escena con mis ojos y oídos.

Se enderezó con una sonrisa tímida y habló con su voz normal.

—Como sea. Eso está por completo fuera del punto.

—Por completo fuera del punto —repitió Henry, hablando despacio, como si meditara las palabras. Inclinó la cabeza hacia ella—. Pero eso dependería del punto, ¿no?

Zoey no estaba segura de qué responder.

—Te gusta la fotografía —declaró Henry—. Dime, ¿conoces el término *óculo*?

—Por Fulton Center —contestó—. De hecho ahora voy hacia allá.

—No, no. No la estructura, me refiero… en fotografía.

Zoey frunció el ceño.

—*Óculo* —repitió él— significa averiguar dónde quieres ubicarte. Dónde estás parado y qué ves desde ahí, es la clave para hacer una buena fotografía porque crea la perspectiva que quieres. ¿Entiendes a qué me refiero?

Zoey asintió, aunque para ser honesta, no estaba muy segura de haber entendido.

—En fotografía —continuó el barista—, el *óculo* es donde pones la cámara. Es la palabra latina para *ojo*. Sólo que, en realidad, se trata de tu ojo porque primero ves la imagen, la ves con el ojo de tu mente. En tu *óculo*.

—Entiendo —dijo Zoey. Nunca había buscado el significado de la palabra.

—Ahora hablo de fotografía —agregó Henry—, pero igual de fácil puedes decir qué historia escribirás. Qué viaje harás. Qué cena prepararás en tu cocina para los amigos que llegarán en una o dos horas. El punto es, estás parada aquí y hay tres cosas: tú, el lente de tu cámara y el mundo. ¿Qué vas a crear?

¿Qué había dicho Bárbara? *Es bueno.* Para Zoey, *excéntrico* era la palabra que le venía a la mente. Pero dulce. Caballeroso. En definitiva, hecho a la vieja escuela, como la cafetería misma.

Henry Haydn miró al frente de la tienda, como para asegurarse de que no lo necesitaran. Detrás del mostrador el hípster de Brooklyn, con su gorro y barba larga, llamó su atención y dijo:

—No te preocupes, Henry. Estamos bien.

Henry miró a Zoey e inclinó la cabeza hacia una pequeña mesa alta en la esquina.

—¿Me acompañas un momento?

—¿Por qué no? —dijo Zoey y sonrió.

Lo siguió hasta la mesa, donde cada uno tomó un banco. Él sacó una libreta Moleskine desgastada, abrió la tapa, tomó el lapicero de dibujo de acero cepillado que estaba en el bolsillo de su chamarra y empezó a dibujar; su mano volaba por la página. Unos segundos después giró el cuaderno para que Zoey pudiera verlo.

Un dibujo serio y una lápida con las siguientes letras.

ZOEY DANIELS
NACIÓ ¿? - MURIÓ ¿?

—Digamos que es el fin de tu vida.

—En serio —dijo Zoey con indiferencia—, qué triste, murió tan joven.

Henry se rió.

—Me haces reír. Digamos que escribiremos tu epitafio. Lo llamaremos tu *óculo* —señaló el dibujo con su lápiz—. Aquí estás parada, viendo a la fotografía que has compuesto: tu vida. Entonces, ¿cómo se ve ese paisaje?

Zoey se quedó sin aliento.

No fue capaz de decirlo en palabras, pero lo que él acababa de decir era exactamente lo que la había estado molestando los últimos días. ¿Cómo se veía el paisaje de su vida? No lo sabía.

Si no sabes a dónde vas, quizá no te guste el lugar donde termines.

—¿Lo ves? —dijo Henry—. La fotografía sucede primero en el ojo de tu mente. Antes de tomarla. Esa foto es donde todo inicia. Es lo que te guía. Tu *óculo*.

El teléfono de Zoey vibró. Lo miró. Era el mensaje de un becario ansioso que llegó temprano a la oficina y esperaba indicaciones sobre con qué juego de textos empezar.

—Necesitas ir a trabajar —se animó a decir Henry.

—En realidad, sí —dijo Zoey en tono de disculpa—. Gracias por... por la plática —no estaba segura de cómo llamarla. ¿Lección de arte? ¿Notas en perspectiva?

—Un placer hablar contigo —dijo Henry mientras ella se levantaba y se dirigía a la puerta—. Vuelve cuando quieras.

Cuando Zoey llegó al piso 33, la oficina ya estaba a toda marcha. Tuvo una reunión de estrategia de tres minutos con el pasante ansioso, habló con el departamento de arte y después se desplomó en su laptop y se perdió en el montón de trabajo.

Pero no podía hacer que su cerebro dejara de pensar en la enigmática platica con el excéntrico barista del Helena's Coffee. ¿Cómo dijo Bárbara? *Ve las cosas de forma diferente.*

—Eso es seguro —murmuró para sí. Entre más pensaba en su conversación, menos sentido tenía.

Dónde estás parado y qué ves desde ahí, es la clave para hacer una buena fotografía porque crea la perspectiva que quieres. ¿Entiendes a qué me refiero?

Para ser honesta, no tenía idea.

Y además estaba el comentario sobre su latte. *Si puedes pagar tu café, puedes pagar la fotografía.* Y después esto: *Tal vez eres más rica de lo que crees.*

¿A qué se refería?

Zoey no durmió bien esa noche.

La verdad es que no dormía bien ninguna noche. Por lo general, abría los ojos entre las dos y las tres de la mañana y se mantenía despierta, incapaz de volver a dormir, preocupada. No sobre algo en específico, sólo un sentimiento general de preocupación.

Pero esta noche fue peor. Después de despertar en la madrugada, sí se volvió a dormir y la preocupación la siguió en sus sueños.

Estaba trotando en la caminadora del gimnasio. De pronto, la banda empezaba a ir más rápido, aunque ella no había tocado ningún botón. Sin problema aceleró el paso. Pero la máquina incrementó la velocidad de nuevo de manera abrupta. Empezó a correr para mantenerse en pie. Con desesperación trataba de presionar el botón para bajar la velocidad, pero en lugar de eso iba más y más rápido. Ahora corría a todo lo que daba, el corazón se le salía del pecho, pero no podía parar…

Despertó con un grito ahogado y la playera empapada de sudor. Poco a poco se sentó en la cama y buscó en la oscuridad el vaso de agua en la mesa de noche mientras sus ojos se acostumbraban y su corazón se calmaba de manera gradual, pasando del terror a un grave *tum, tum, tum* y, al final, a algo parecido a lo normal.

No se necesita un doctorado en Psicología para interpretar *ese* pequeño drama. Tenía una rutina de cincuenta horas a la semana que no podía controlar. De Brooklyn a Manhattan en la mañana, de Manhattan a Brooklyn en la tarde. El dinero llegaba y se iba; por lo general, se iba más de lo que llegaba. Y la insidiosa sensación de que, a pesar de todo, corría por su vida, sin llegar a ningún lado.

Mirando las paredes de su departamento en la semioscuridad, sintió, como siempre en esos momentos cuando de verdad era honesta consigo, que algo faltaba en su vida, algo importante. ¿Amor? No, era joven, habría tiempo suficiente para eso. ¿Amigos? No, tenía a Jessica y otros.

Lo que faltaba en su vida, pensó, era la parte de vivir.

Capítulo 4

Págate primero

El miércoles en la mañana Zoey llegó a la cafetería un poco antes que el día anterior. Encontró a Henry parado frente a *la* fotografía, al parecer perdido en sus pensamientos. A diferencia del día anterior, esta vez ella lo asustó.

—Disculpe —dijo.

Él brincó un poco.

—Ah, ¡Zoey! —exclamó—. Justo disfrutaba de nuestra foto favorita.

—Perdón —y agregó las mismas palabras que él dijo el día anterior—: No quería asustarlo, estaba muy concentrado —ambos sonrieron.

—Buena memoria —contestó.

Zoey observó de nuevo la escena del puerto y volteó hacia Henry.

—Me preguntaba… —dudó, tratando de encontrar cómo decirlo—. Ayer, cuando dijo que si podía pagar mi café podía pagar la fotografía, que tal vez soy más rica de lo que creo…

Henry asintió.

—¿A qué se refería en realidad?

Él ladeó la cabeza y puso un dedo en sus labios por un momento, después dijo:

—Permíteme hacer una pregunta: para que puedas pagar esta imagen, ¿qué deberías cambiar?

—Para ser honesta, necesitaría un trabajo donde me paguen más.

—Ah —contestó—. ¿Te molestaría que me meta en tu vida personal?

—¿Cómo podría molestarme? —dijo Zoey—. Es decir, ya dibujó mi tumba. Si eso no es personal, entonces no sé qué lo es.

—Buen punto —respondió con una sonrisa—. Recuérdame dónde trabajas. ¿Dijiste que en Lower Manhattan?

Ella asintió.

—One World Trade Center —respondió y describió de manera breve su trabajo en la revista de viajes.

—Me imagino que te han de pagar bien —dijo Henry.

—Sí —Zoey estuvo de acuerdo—, pero no es un salario asombroso. Y vivir en Brooklyn es caro.

—De hecho, sí. ¿Puedo preguntar más o menos cuánto tiempo llevas trabajando?

—Cerca de seis años.

—Muy bien. Tiempo suficiente para que una persona joven y brillante avance en su posición. Supongo que ahora ganas un poco más que hace seis años, ¿cierto?

—Cierto.

Henry asintió de nuevo.

—Entonces, como resultado, ¿eres más rica ahora que hace seis años?

Zoey parpadeó.

—¿Más rica? —remarcó la palabra como si estuviera en otro idioma.

—¿Tienes, por ejemplo, más dinero disponible para gastar en lo que quieres? ¿Un pequeño ahorro, quizá?

De hecho, Zoey tuvo un buen aumento de sueldo dos años atrás, cuando Bárbara la promovió de editora asistente a editora asociada. Pero parecía que entre más ganaba, más le costaba vivir. En todo caso, estaba más endeudada que nunca.

—Más rica —repitió—. No, no diría eso, no soy más rica.

—Bueno, no estás sola. Leí una encuesta fascinante el otro día. Decía que la mitad de las personas en este país no podía echar mano de un extra de 400 dólares, ni siquiera en caso de emergencia. Siete de cada diez dicen que "viven al día" y muchos, incluso, cargan sus gastos diarios en tarjetas de crédito.

—¿De verdad? —Zoey no estaba tan sorprendida de saber que tantas personas estaban en el mismo barco que ella. Después de todo, ¿no era por eso que su revista de viajes era tan popular? La gente amaba ojear páginas de aventuras que no podía pagar.

—Aquí se pone interesante: cuando les preguntaron por qué no ahorraban más o hacían una especie de plan para el retiro, la mayoría de los encuestados dio la misma respuesta: "No hay suficientes ingresos" —se rió—. Al menos todos dicen eso. No es cierto, desde luego. Más ingresos no ayudarían a su situación en absoluto.

Zoey sintió que su cerebro explotaba.

—Espere, ¿qué? —seguro había escuchado mal—. ¿Más ingresos no ayudarían? Pero… ¡eso sí ayudaría!

Henry movió la cabeza de manera triste.

—En realidad no. La mayoría de las personas, cuando tiene más ingresos, sólo los gasta en más cosas.

—Eso…

Zoey quería decir: "Eso no es cierto. Al menos *yo* no hago eso". Pero ¿era cierto?

—¿Qué tanto has leído sobre estrellas de cine, música o deportes cuya carrera despegó tan rápido que de repente ganaban millones y luego supiste que estaban en bancarrota? —preguntó el barista.

De hecho, Zoey había leído historias como ésas justo una semana atrás. Henry siguió:

—¿Cuántos ganadores de la lotería terminan endeudados? Verás, para estas personas hacer dinero no es el problema. El problema es mantenerlo. La extraña verdad, Zoey, es que ganar más dinero, aunque sean cantidades extravagantes, no siempre lleva a la riqueza. ¿Por qué? Porque la mayoría de las personas cuando gana más, también gasta más. Verás, las ganancias son como la marea y los gastos como un bote. Cuando la marea sube, el bote también.

Henry miró alrededor de la cafetería y volvió con Zoey.

—¿Aún tienes tiempo antes de alcanzar el tren?

—Sí —respondió. Después de todo, ¿no era ésa la razón por la que se levantó más temprano esta mañana? Mientras seguía a Henry a la pequeña mesa alta, pensó en la imagen que él acababa de describir: *Las ganancias son como la marea y los gastos como un bote.*

"Hasta que se hunde —pensó—. O termina varado en el desierto."

—¿Riqueza? ¿Libertad financiera? —preguntó Henry mientras alcanzaba la mesa y volteaba el rostro hacia ella—. No es tan complicado. Es un proceso simple de tres pasos.

—Déjame adivinar —bromeó Zoey—, ¿escribir una canción que esté en el Top 40, ganar la lotería y tener una tía rica propensa a accidentes?

Henry se rio mientras se sentaba en el banco. Zoey tomó el mismo asiento del día anterior.

—Los llamo *los tres secretos de la libertad financiera* —declaró Henry—. Aunque es un poco exagerado, porque son ese tipo de secretos que están a plena vista. Todos piensan que los conocen, pero muy pocos los llevan a cabo. Déjame decirte cómo funciona el *primer secreto*.

—Soy toda oídos —dijo Zoey. *Excéntrico, pero revelador.* Por primera vez se preguntó cuál sería la historia de Henry, de dónde sería y cómo había terminado de barista en una pequeña cafetería de Brooklyn.

—Si me permites la pregunta, ¿cuántas horas trabajaste la semana pasada?

—Cuarenta, más o menos —en realidad era más como cincuenta, pero se acercaba bastante.

—Muy bien. Ahora, ¿cuántas de esas horas trabajaste para ti?

Zoey iba a contestar, pero se detuvo antes de decir una palabra. *¿Todas? ¿Ninguna?*

—No estoy segura de a qué te refieres. Trabajar para mí...
¿Cómo?

—Con "trabajar para ti" me refiero a que el dinero que ganaste
fue para *ti*. Para construir tu vida. Para invertir en Zoey.

—Ok... —hizo una pausa—, no estoy segura de cómo responder eso.

—Bueno, echemos un vistazo —abrió su Moleskine desgastada
en una página nueva, tomó su lapicero de dibujo de acero cepillado
y empezó a trazar mientras hablaba.

—Digamos que empiezas a trabajar a las nueve de la mañana.
Por lo general, lo que ganes de las 9:00 a las 11:30 a. m. lo apartare-
mos y destinaremos al pago de impuestos.

Dibujó un reloj de manecillas, separando el espacio de 9:00 a
11:30 y llenándolo con una bolsa de dinero y un alto y barbudo Tío
Sam.

—Vaya —murmuró Zoey—. Nunca lo había visto de esa manera.

Henry asintió.

—Es una buena motivación para ir a trabajar después de almorzar —sonrió—. Después, de 11:30 a 2:00, pagas tu... —la miró—,
¿hipoteca? ¿Renta?

—Renta —dijo Zoey. Estaba asombrada por cómo dibujaba,
unos cuantos trazos, seguros y rápidos y listo. La ilustración parecía saltar completa de la punta del lápiz, como si estuviera ahí,
esperando para salir.

—Muy bien. La renta y servicios. Por lo general, de dos a tres
de la tarde se va a los costos de transporte. Y de tres a cinco es para
todo lo demás: cuidados médicos, entretenimiento, deudas, tarjetas
de crédito...

—Préstamos estudiantiles —agregó Zoey.

—Ah, sí —dijo—. Préstamos estudiantiles. Vicios. Y claro, comestibles...

—Salir a comer, casi siempre —indicó Zoey.

—Ah —repitió y señaló el latte en su mano—, y el café.

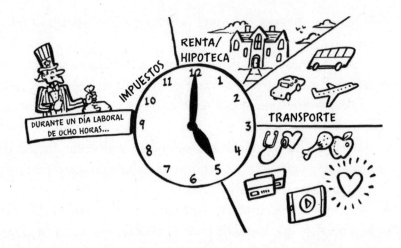

—Claro —afirmó Zoey—, no olvidemos el café.

Ambos sonrieron.

—En algún momento —dijo—, trata de apartar algunos minutos para ahorrar. La mayoría de la gente no lo hace. Entonces, al final del día no queda nada para comprar la fotografía.

A pesar de lo deprimente que sonaba todo, Zoey no pudo evitar sentir una leve descarga eléctrica recorrer todo su cuerpo cuando escuchó esas últimas palabras. *La fotografía.* Asintió, con curiosidad de saber a dónde llegaría todo esto.

—Muy bien, dije tres secretos, ¿cierto? Éste es el primero.

Volteó la página y escribió de manera rápida en trazos largos y majestuosos:

1) *Págate primero.*

—Págate primero —repitió Zoey, asintiendo para sí—. Claro.

—¿Ya lo habías oído? —preguntó Henry.

—No recuerdo bien dónde, pero sí, es un concepto familiar.

—Excelente, ¿sabes lo que significa?

Zoey iba a decir: "Desde luego", pero en lugar de eso hizo una pausa y, con cautela, respondió:

—Yo… creo saber qué significa.

Henry sonrió y alzó las cejas:

—¿Sí?

—Bueno —dijo Zoey—, cuando me paguen, la primera persona en la que debo gastar el dinero es en mí —miró a Henry—, ¿no?

Henry sonrió de nuevo.

—Cerca. La mayoría de la gente cree que significa eso: cuando haces dinero, que primero sea para ti. Cómprate algo lindo, algo que quieras.

—Entonces, ¿no es eso?

—No exactamente —dijo Henry—. "Págate primero" significa que la primera persona que obtiene el pago eres tú y tú guardas ese dinero. En otras palabras: te pagas la primera hora de los ingresos de cada día.

Dio la vuelta a una página nueva en su libreta y empezó a hacer un segundo dibujo:

—Cuando vas a trabajar, cambias tu tiempo por dinero. ¿Por qué trabajarías todo el día, todos los días —dijo mientras dibujaba—, sin guardar al menos una hora de ese ingreso para ti? Pero así es como operan las personas: cuando reciben su quincena, lo primero que hacen, después de que el gobierno retiene su parte, es pagar cuentas y comprar cosas. Si queda algo de sobra (y eso es un gran *sí*), entonces guardan un poco para ellas. Tal vez. En otras palabras, pagan a todos primero y a ellas al final. Si es que queda algo. Por eso mucha gente trabaja ocho, nueve, diez horas al día, semana tras semana, mes tras mes durante décadas, un promedio de noventa mil horas en toda su vida (¡noventa mil!) y al final del camino termina y descubre que no tiene nada. Que acaba de gastar su vida entera construyendo la riqueza de alguien más, pero no la suya.

Zoey se quedó en silencio. ¿Sus padres hicieron eso?

—Wow —dijo al fin.

—Sí, wow —Henry estuvo de acuerdo.

Tras otro breve silencio, Zoey preguntó:

—Ok, y… ¿cómo se supone que debo trabajar?

Henry la observó pensativo, después dijo:

—Cuando eras niña, ¿alguna vez guardaste tus monedas en una alcancía o un frasco? ¿Las juntabas para algo que querías comprar?

De hecho, Zoey lo había hecho, pero no de niña sino a los dieciocho años, recién llegada a Nueva York para entrar a la universidad. Todo ese verano guardó cada dólar que pudo y después de tres meses compró una bicicleta para poder explorar por completo su nuevo vecindario. Esto la había asombrado, ya que por lo general era terrible con el dinero. Lo había intentado otras veces, poniendo un billete de 10 dólares o de 20 en un frasco en su cocina para algún propósito, pero nunca había alcanzado la meta. Algo siempre sucedía y terminaba asaltando el ahorro. Pero aún tenía la bicicleta.

—Bueno, aquí es lo mismo —continuó Henry—. Sólo que, en lugar de poner monedas en una alcancía, pones tu dinero en una cuenta de "págate primero". Una cuenta para el retiro, técnicamente hablando.

—Como el 401 algo —dijo Zoey.

—Exacto —Henry respondió—. "El 401(k)."

La compañía de Zoey tenía un plan 401(k), recordó que se lo mencionaron cuando empezó a trabajar ahí. Era el plan de ahorros para el retiro de los empleados en Estados Unidos, también conocido como plan de contribución definida. Recibió cartas y correos electrónicos al respecto y tuvo la intención de sentarse a revisarlos.

—La idea detrás del 401(k) es simple, pero puede variar en otros países —explicó—. Cada vez que recibes tu pago, primero separas una porción, digamos el 10%, *antes* de impuestos. Lo que cambia por completo cómo se compone.

—Cómo se compone —repitió Zoey. Tenía fluidez cuando se refería a oraciones y párrafos, pero las matemáticas, de nuevo, no eran lo suyo.

—Te haré una demostración para explicar esta parte —dijo Henry al notar su expresión. Buscó su cartera en el bolsillo, sacó un billete de cinco dólares y lo puso sobre la mesa.

—Digamos que cada día tomas cinco dólares y los pones en una alcancía. ¿Cuánto tendrás después de una semana?

—¿Cinco dólares diarios por una semana? —eso era fácil—. Treinta y cinco dólares.

Henry asintió.

—Es decir, 150 dólares al mes. Ahora supongamos que pones esos cinco dólares diarios en una cuenta antes de impuestos donde ganas, digamos, 10% de intereses al año. ¿Sabes cuánto tendrías al final del primer año?

Zoey lo pensó. Doce veces 150.

—No lo sé. ¿Un poco más de 1 500?

Henry asintió.

—Mil ochocientos ochenta y cinco para ser exactos, con intereses incluidos. Ahora veamos qué pasa cuando dejas que se refleje el poder de los intereses compuestos.

Sacó una pequeña calculadora del bolsillo de su chamarra y empezó a teclear en ella mientras anotaba los números. "¿Quién todavía usa calculadoras de bolsillo?", pensó Zoey, sonriendo para sí. Su barista, en definitiva, era de la vieja escuela.

Hizo una pausa y miró a Zoey.

—Ahorrando cinco dólares al día, ¿cuánto crees que sumen después de, digamos, cuarenta años?

—No lo sé, tal vez… —Zoey no veía cómo podían ser más de 50 000 dólares, pero sólo para estar segura, dobló la cuenta—, ¿100 000?

Henry sonrió.

—De hecho, casi diez veces más.

Entonces, volteó la pequeña libreta para que Zoey leyera lo que había anotado:

Si ahorras 5 dólares al día y ganas 10% anual de interés, terminarás con:

1 año	=	$1 885
2 años	=	$3 967
5 años	=	$11 616
10 años	=	$30 727
15 años	=	$62 171
30 años	=	$339 073
40 años	=	$948 611

Zoey miró los números.

—Pero... —tartamudeó—, pero ¡eso es casi un millón de dólares!

—Así es —afirmó Henry. Sacó otro billete de su cartera, esta vez de 10 dólares, y lo puso sobre el de cinco—. Ahora digamos que subimos la tarifa y nos pagamos 10 dólares al día y los invertimos en nuestra cuenta antes de impuestos. Veamos a dónde llega después de cuarenta años:

Si ahorras 10 dólares al día y ganas 10% de interés anual, terminarás con:

1 año	=	$3 770
2 años	=	$7 934
5 años	=	$23 231
10 años	=	$61 453
15 años	=	$124 341
30 años	=	$678 146
40 años	=	$1 897 224

Zoey abrió por completo los ojos mientras observaba las últimas dos filas de números y veía el total al final.

—¡Vaya! —exclamó—. ¿Cómo... cómo hiciste eso?

Henry se rió.

—Yo no lo hice, Zoey. Fue la madre naturaleza. Así funciona. Así se multiplican las bacterias. Como se esparcen los rumores. Como se construye la riqueza. Algunos dirían que es la fuerza más poderosa del universo. El milagro de los intereses compuestos.

Zoey miró la pequeña tabla. ¿Cómo era posible?

—¡Sólo 10 dólares al día! —murmuró.

—Sólo 10 dólares al día —repitió Henry—. Pero 10 dólares pueden cambiar tu vida. Porque, no te confundas, la acción en sí parece pequeña, incluso insignificante... monedas en la alcancía, 10 dólares al día... ¿pero la decisión de hacerlo? —sonrió—. Tal vez es la decisión más importante que puedas tomar.

Zoey escuchó la voz de Bárbara en su cabeza, diciendo: *Bueno, en ese caso. Haz algo al respecto.*

—Ahora, te daré otro ejemplo —continuó—. Uno que se acerca más al punto. ¿Cuántos años tienes? —antes de que ella respondiera, agregó—: Sé que un caballero no pregunta, pero es por el bien de la ciencia. Y tu secreto estará a salvo conmigo.

—Bueno, si es por la ciencia —dijo inexpresiva—, veintisiete.

—Perfecto. Entonces digamos que ganas 1 000 dólares a la semana, soy demasiado discreto como para preguntar en realidad cuánto ganas.

Zoey se rió. De hecho, era muy cercano a su pago neto actual.

—Eso serían 200 al día —continuó Henry—. Aquí hay una regla general: *ahorra el valor de tu primera hora diaria.* En otras palabras, una hora al día para pagarte primero. La mayoría de las personas no lo logra. El estadounidense promedio ahorra el 4% de lo que gana. Dicho de otra manera, la mayoría apenas trabajamos veinte minutos para nosotros. Y uno de cada cinco no ahorra nada, o sea, se paga *cero*.

—Ay —murmuró Zoey. Así era ella. Ahorros totales: nada de nada.

—Suponiendo que trabajas ocho horas al día —dijo Henry—, apartemos la primera hora del pago diario para que Zoey le pague a Zoey. Eso serían —inclinó la cabeza mientras hacía sus cálculos— 25 dólares diarios o 125 a la semana. Si consideramos 52 semanas, eso resulta en 6 500 dólares en un año... cerca de 6 800 cuando agregas los intereses.

Empezó a hacer otra tabla, tecleando en su pequeña calculadora de manera intermitente mientras seguía.

Zoey sentía cómo su pulso se aceleraba mientras veía los números salir del lápiz de Henry.

Si ahorras 125 dólares a la semana (o 25 por día laboral) y ganas 10% de interés anual, terminarás con:

1 año	=	$6 798
2 años	=	$14 308
5 años	=	$41 893
10 años	=	$110 821
15 años	=	$224 228
30 años	=	$1 222 924
40 años	=	$3 421 327

Cuando terminó, de manera calmada puso su lápiz a un lado y se acomodó en el banco, esperando.

Zoey quedó pasmada al ver los números. *Más de tres millones de dólares por una hora al día.*

Henry miró su reloj de muñeca.

—Se hace tarde —dijo en voz baja—. Tal vez tendrás que correr.

Con un sobresalto, Zoey miró su teléfono y se bajó del banco.

—¡Ay, Dios! En realidad, sí —exclamó.

—Vamos —dijo Henry levantándose del banco—. Te acompaño a la puerta.

—Parece tan… no sé. Tan simple —añadió Zoey mientras se acercaban a la salida.

—Es simple —contestó Henry—. Por eso funciona; por lo general, las ideas más simples cambian la vida de la gente, no las más complicadas.

—Como tus 10 dólares al día —agregó ella.

Él señaló con la cabeza el latte en la mano de Zoey y sonrió de nuevo:

—Como tu café. Tu *factor latte*.

—Claro —dijo Zoey mientras alcanzaba la puerta del frente—. Mi *factor latte* —no tenía ni idea qué significaba eso—. Bueno, gracias —continuó—, esto fue más… educativo —y le tendió la mano.

—Uy —dijo Henry, leyendo la duda en la cara de Zoey. Mantuvo su mano estrechada por más tiempo mientras la miraba de cerca.

—Zoey —dijo de manera suave—, olvida los números por un momento. Lo que importa es qué hay detrás de ellos. Cuando te pagas primero, en realidad, piensas primero en ti.

Zoey frunció el ceño. No pudo evitarlo. Escuchó la voz de su madre diciendo: "Pon a los demás primero, Zoey, siempre pon a los demás primero".

Henry asintió.

—Lo sé. Algo que va contra todo lo que te han enseñado, ¿cierto? La gente buena no piensa primero en sí. La gente buena primero piensa en los demás. ¿Eso estabas pensando?

—Algo así —admitió Zoey.

—Y claro, eso es cierto. Enfocarse en servir a otros es el trato distintivo que nos hace seres humanos civilizados. Pero la vida es una paradoja y a veces la única manera en que puedes servir a otros es poniéndote a ti primero. ¿Sabes a lo que me refiero?

—Para ser honesta… no.

—¿Recuerdas el discurso que dan en los aviones cuando estás a punto de despegar? ¿Acerca de cómo, en caso de emergencia, debes ponerte primero la máscara de oxígeno y después ayudar a los niños? Suena al revés. Pensarías que te dirían que primero cuides a los niños, ¿cierto? Pero no. Porque si te desmayas no podrás ayudar a nadie. ¿Ves?

—Creo… que sí.

Aún sosteniendo su mano, Henry colocó su otra mano encima.

—Esto es lo que creo, Zoey: a cada uno se nos puso aquí, en esta tierra, en esta vida, para hacer algo, algo especial. Algo que nadie más puede hacer. Y la mayoría no lo logramos, pues estamos demasiado ocupados pagándole a todo el mundo primero.

Viajando en el tren L al trabajo, Zoey pensó en lo que Henry acababa de decir. *Creo que a cada uno se nos puso aquí para hacer algo especial. Y la mayoría no lo logramos.*

¿Ella creía lo mismo?

Y de ser así, entonces, ¿cuál era su misión?

Capítulo 5
Dudas

Zoey vagó por el trabajo ese día, editando en piloto automático mientras repetía fragmentos de su conversación con Henry. Al final sacó su teléfono y empezó a buscar algo. En su camino a la ciudad hizo unas cuantas notas y ahora las transcribía en su laptop, acomodándolas y dándoles secuencia.

Esto hacía Zoey. Como editora desarrolló el hábito de excavar entre los hilos y fragmentos de narrativas, como un arqueólogo con una colección de huesos enterrados, buscando la manera de que todo concuerde. Ortografía, gramática, puntuación, todo eso podía esperar. Primero buscaba la idea completa. ¿Qué decía el autor?

Miró sus notas:

Mucha gente, cuando gana más, gasta más.
Todos creen que lo saben, pero es difícil que alguien lo haga.
Págate primero.
Algunos dicen que es la fuerza más poderosa del universo.
Diez dólares al día pueden cambiar tu vida.
Ahorra el valor de tu primera hora de trabajo de cada día.

Y después, tenía el comentario del día anterior, el que sonó como si saliera de un maestro Zen financiero:

Si puedes pagar tu café, puedes pagar la fotografía.

Aún no tenía idea de a qué se refería con eso. O con su *factor latte*.

¿Su *factor latte*?

Al final del día, mientras caminaba a casa desde el tren L, se detuvo de nuevo en el Helena's Coffee para ver si podía hablar con Henry y preguntarle sobre eso. Pero ya se había ido. El joven detrás del mostrador le dijo que salía a las tres de la tarde.

—Claro —dijo Zoey. Después de todo estaba ahí desde las siete de la mañana—. Supongo que su turno terminó hace tiempo.

—¿Su turno? —se rió el chico—. Henry no hace turnos.

¿No hace turnos?

—Entonces, por lo general, ¿a qué hora se va? —preguntó Zoey.

—A la hora que quiere —contestó el chico y ella se encogió de hombros—. Casi siempre alrededor de las tres, pero puede ser después o antes.

¿A la hora que quiere? ¿Qué clase de trabajo era ése?

Seguía dándole vueltas en su mente cuando abrió la puerta principal de su edificio, entró al vestíbulo, presionó el botón del intercomunicador con la etiqueta Jeffrey Garber y dijo:

—¡Ahí viene la pizza!

El vecino de arriba de Zoey, Jeffrey, trabajaba como *freelance* desarrollando aplicaciones de redes sociales. También hacía algo de soporte técnico para pagar sus cuentas: optimización de motores de búsqueda, publicidad en Facebook, cosas así. Planeaba hacerse rico con las aplicaciones. Le ofreció a Zoey compartir varios tratos durante años; estaba seguro de que cada uno de ellos sería el siguiente Instagram. Zoey se negaba a cada rato.

Hasta ahora, ninguno había sido el siguiente Instagram.

Jeffrey era un chico bastante agradable y a ella le caía bien, pero sabía que sólo podía tomar parte de su perspectiva cínica. Tenía lo que a Zoey le parecía una hostilidad instintiva hacia la "gente rica", sin importar quién fuera; además, era bastante desconfiado de las empresas grandes y exitosas. Como en la que ella trabajaba, por ejemplo. (Aunque tenía que preguntarse: si una de sus aplicaciones daba en el blanco del mercado, ¿no se convertiría él en una de esas empresas grandes y exitosas?) Aun así, eran buenos amigos y tenían la rutina de compartir la cena una vez a la semana y alternaban quién la compraba.

Esa noche le tocaba a Zoey. Una pizza clásica, grande, con todo, de Luigi's. El mejor en Brooklyn: a sólo una llamada. (¡Y sin trastes sucios!)

Ésta era una característica (una de las pocas en realidad) que Zoey y Jeffrey tenían en común. Jeffrey no cocinaba. Tampoco Zoey, al menos no otra cosa que bagels tostados y, de vez en cuando, un omelette quemado. A su mamá nunca le importó mucho cocinar y en la familia de Zoey se había usado mucho más el congelador y el horno de microondas que el refrigerador y la estufa. La abuela de Zoey horneaba, pero su madre se había rebelado y decía: "¿Hornear? ¡Ni siquiera puedo hacer un glaseado!"

Mientras comían, Zoey le contó a Jeffrey sobre su conversación con el excéntrico barista.

Había algo en Henry que hacía sentir bien a Zoey cuando estaba cerca, algo casi magnético. Como carisma, pero no sólo eso. No podía decir qué, igual que no podía decir qué tenía la fotografía que la atraía tanto.

Jeffrey escuchó su relato del día sin decir una palabra.

Cuando Zoey terminó su pedazo de pizza, se limpió los dedos y sacó su laptop. Ese día en el trabajo se dio el tiempo para reproducir la tabla que Henry le había dibujado, con sus, en teoría, 25 dólares diarios ahorrados sumando cerca de 6 800 en el primer año y después la cifra astronómica al final de cuarenta.

Puso el dibujo en la pantalla y se lo enseñó a Jeffrey.

—Y mira esto —dijo—. Después de cuarenta años, cuando tenga sesenta y siete y me retire, ¡serán casi tres millones de dólares, Jeffrey!

Su amigo hizo un elaborado espectáculo limpiándose cada dedo, después se sentó, lamiéndolos, y la miró.

—¿En serio? —preguntó—. Zoey, espera un momento. ¿Diez por ciento? ¿Cómo? ¿De dónde vas a sacar el 10%? Tasas de interés como ésa son una reliquia del pasado. Además, todo el sistema está arreglado, Zoe, y lo sabes. Entre más tratas de ahorrar más te quita el gobierno.

¿Qué dijo Henry sobre apartar la parte de dinero antes de impuestos? Zoey no lo recordaba, más bien, no lo había entendido.

—Y además está la inflación. ¿Sabes cuánto valdrá un millón de dólares en cuarenta años? Tendrás suerte de poder pagar un espacio en un asilo. Y el 401(k), crean eso con demasiadas reglas, regulaciones y restricciones, todas amañadas contra ti. Como sea —añadió—, ¿quién sabe cuánto tiempo estarás en ese trabajo? Y cuando te vayas, ¿qué pasará con tu plan dc retiro? Y, sin ofender, Zoe, pero ¿qué tanto puede saber él? Es un señor que está en sus ¿sesentas, setentas? ¿Y aún trabaja como barista?

Zoey no tuvo una respuesta para eso.

Jeffrey agradeció la pizza y regresó con pereza hacia las escaleras de su departamento. Después, Zoey pasó los siguientes cuarenta y cinco minutos lavándose el cabello, limpiando el refrigerador casi vacío y la estufa, que rara vez usaba. Hasta que se detuvo y colapsó en su sillón de televisión lleno de cosas, entonces entendió a qué se debía ese frenesí por la limpieza.

Trataba de lavar los ecos de los comentarios escépticos de su amigo.

Se había emocionado con la tabla de Henry y estaba intrigada, incluso inspirada, por su discurso de "todos están aquí por algo". Debía admitir que las cosas que él dijo encendieron una chispa pura y brillante de esperanza en algún lugar dentro de ella.

Jeffrey la había apagado.

Tasas de interés como ésa son una reliquia del pasado.

Zoey levantó el teléfono, buscó en sus favoritos y presionó "Mamá". Después de cuatro o cinco tonos, contestó.

—Hola, mamá.

—Hola, cariño, ¿todo bien? —su madre se oía agotada.

—Todo bien, mamá, pero debería preguntarte lo mismo. En realidad te oyes muy cansada.

—Oh, es esta desagradable gripa —dijo su madre—. Primero tiró a tu padre por un tiempo, después supongo que decidió que yo le gustaba más.

Dejó salir un suspiro, pero cuando habló de nuevo Zoey pudo escuchar la sonrisa en su voz.

—Con sólo escucharte en el teléfono me siento mejor. Así que, ¿cómo están las cosas contigo, mi amor? ¿Todo bien en la oficina?

—Todo bien, mamá. Oye, ¿puedo preguntarte algo? Papá tiene un 401(k) en el trabajo, ¿cierto? ¿Sabes qué tipo de rendimientos tuvo? ¿Y qué pasa con ellos si lo mueven a otra empresa?

—Oh, Zee —dijo su madre—, en realidad no te podría decir. Tu padre es quien ve todo eso. No estás pensando en tomar el otro trabajo, ¿o sí?

Zoey escuchó el tono de una segunda llamada entrante. Miró la pantalla del teléfono: Jessica.

—Todavía no lo sé, mamá, oye, perdón, me tengo que ir.

—Sé feliz con lo que tienes, mi amor. El pasto no se hace más verde.

—Lo sé, mamá, te llamo mañana, ¿sí? Tengo que contestar esta llamada. ¡Te amo!

Zoey colgó, pero justo cuando iba a contestar la llamada de Jessica, dudó. Por alguna razón no se sentía con ánimos de tener esa conversación justo ahora. Dejó que entrara a buzón de voz.

Una vez que llegó la alerta de nuevo mensaje, puso el teléfono en su oído y lo escuchó.

—Hola, Zoe. Nos vemos el viernes, ¿verdad? ¡Los tragos van por mi cuenta esta semana! ¡Te veo allá! Oye, por cierto, ¿ya hablaste con tu jefa acerca de dejar la revista?

Zoey colgó el teléfono.

—Nop —dijo a su departamento vacío—. Aún no.

Pensó una vez más (por centésima ocasión en la semana) en la oferta de trabajo de esa agencia. Los altos riesgos, altos salarios, alta presión. Respiró muy hondo y dejó salir el aire.

Jessica siempre vivía a toda velocidad, eso era seguro. Si la estrategia de Jeffrey era dar en el blanco a un trato de chorrocientos dólares, la de Jessica era romper marcas hasta llegar a lo más alto y superar a todos los demás. No le molestaba escalar la ladera hasta la cima. Era una ráfaga de viento soplando hacia lo más alto.

¿Y Zoey? ¿Cuál era su estrategia?

Capítulo 6

No hagas presupuestos, hazlo automático

El jueves en la mañana hacía frío y, a pesar de envolverse en su abrigo, Zoey sintió el viento helado colándose por sus huesos mientras caminaba rápido. Aun así, cuando llegó a la entrada del Helena's Coffee dudó en entrar. Las palabras de Jeffrey todavía hacían eco en su cabeza. No quería caer en su juego cínico de las cosas… pero tenía razón en algunos puntos, ¿o no? Tal vez ella sólo debería seguir el camino e irse a trabajar.

Respiró, jaló la puerta y entró.

Encontró a Henry sentado en la mesa de la esquina, hablando con un hombre alto que lucía como un vaquero de película: corbata de hilo, camisa blanca prensada, jeans oscuros, botas vaqueras de piel de serpiente y una cara tan curtida que parecía el contorno del mapa de Sierra Nevada.

Mientras esperaba por su latte en la fila, pensó que era curioso cómo Henry usaba esa mesa de la esquina como si fuera su oficina. Se le ocurrió por primera vez que quizá no sólo era el barista, tal vez era el gerente del turno matutino. Pero ¿no dijo Bárbara que era barista?

—Buenos días, Zoey —dijo Henry cuando la vio acercarse con su café—. Permíteme presentarte a mi amigo Baron. Está en los negocios de la energía.

—Ben Dawson —dijo el hombre y estrechó su mano—, pero mis amigos me llaman Baron y mis enemigos ya regresaron a Oklahoma. Así que, ¿a quién le importa cómo me dicen?

—Un placer conocerlo, Baron. Zoey Daniels.

Las manos de Henry, al estrecharlas, se sentían como un fino lienzo, en cambio, las de Baron se sentían como un búfalo.

—Espero no interrumpir —agregó.

—Para nada —dijo Henry y señaló un banco vacío—. Por favor. Zoey es una amante de la buena fotografía —agregó mientras acercaba el banco a la mesa.

—Henry me ha compartido sus pensamientos sobre perspectiva y riqueza —dijo Zoey.

Baron arqueó las cejas. De manera lenta y solemne asintió.

—Ajá —dijo y añadió—: ¿*los tres secretos*? ¿Págate primero?

—Exacto —respondió Zoey y agregó con una sonrisa—: hacerse rico con sólo 10 dólares al día.

Baron arqueó las cejas de nuevo.

—Ahh, ja —dijo de manera grave. Volteó hacia Henry—. ¿Le estás llenando la cabeza a esta pobre chica con tus cosas y tonterías, niño del café?

Henry sonrió y se inclinó hacia Baron:

—Ella ya es rica —susurró de manera confidencial—. Sólo que no lo sabe —miró a Zoey y le guiñó un ojo.

—Ah —dijo ella—. Bueno, eso es un alivio.

Baron se rió.

Henry ladeó la cabeza y la miró pensativo.

—Aunque tienes una pregunta.

"Muchas", pensó Zoey.

—En realidad sí —dijo—. No soy buena con la estructura cuando se trata de dinero, como ya mencioné. Todo lo del dólar en la alcancía y eso.

Henry asintió.

—Para ser honesta, me cuesta trabajo apegarme a un plan. Entiendo toda la idea de "págate primero", pero no me veo teniendo la disciplina para hacerlo semana tras semana, por meses y, menos, por años.

Henry asintió de nuevo.

—Es probable que falles. Por eso hay un *segundo secreto* —hizo una ligera pausa para dar un efecto dramático—. Imagino que estás pensando en las virtudes de los presupuestos.

"Ay no, aquí vamos", pensó Zoey. Odiaba los presupuestos. Sabía que no era racional, pero algo en ella se rebelaba con sólo pensarlos.

—¡Presupuestos! —exclamó Baron con una trompetilla—. ¡Ja! La primera cosa que haces con un presupuesto es tomar toda la idea, con virtudes y todo… ¡y la avientas a la basura con el resto de los desperdicios!

Zoey se aguantó la carcajada. "¡Sí! ¡Un espíritu afín!"

—¡Presupuestos! —repitió Baron—. Qué tonterías —el hombre tenía buena racha. Se inclinó hacia Zoey—. Odias los presupuestos, ¿verdad?

Zoey asintió.

—¡Claro que los odias! Todo el mundo lo hace. Bueno, no todo el mundo. Hay ciertas personas que de manera natural se llevan bien con ellos. Son raras, criaturas preciosas, como los unicornios. Necesitamos a esa gente y le damos trabajos importantes. Donde yo estoy, ése es el director financiero. Él ama los presupuestos. Tal vez hasta duerme con uno bajo la almohada. ¿El resto de los mortales? Odiamos esas cosas, ¡las odiamos como al veneno!

Zoey quería ver cómo Henry manejaría ese ataque manteniendo su posición de barista siempre educado.

Henry sólo asintió.

—Tiene razón, desde luego.

—¿Perdón? —Zoey lo miró de frente.

—Los presupuestos funcionan bien para empresas y otras organizaciones —explicó Henry—, pero no para las personas. Si debes hacer un cheque cada semana para que tu plan de ahorro funcione, no ocurrirá. No es una medida de carácter, Zoey. Es la naturaleza humana. La idea de un presupuesto personal suena sensata, en teoría, pero en el mundo real no funciona.

—¿Sabes por qué? —agregó Baron.

Zoey aclaró su garganta y dijo:

—No, ¿por qué?

—¡Porque no son divertidos! ¡Por eso! —Baron se apropió de la conversación otra vez—. Son como las dietas: fáciles de empezar y, demonios, casi imposibles de seguir. Hacer una lista de dónde debes poner todo tu dinero y tratar de ajustar tu vida a cada una de esas pequeñas categorías es una pesadilla. ¡Va contra la naturaleza!

Henry sonrió.

—Bastante cierto. Que es más o menos a donde iba con eso: ningún presupuesto hará que "te pagues primero", no importa qué tan lógico o responsable parezca. Sólo hay una manera de hacer que eso suceda.

Volteó su libreta y regresó a la página donde había escrito el día anterior. Bajo las palabras "Págate primero", agregó una segunda línea con su escritura larga y majestuosa:

2) No hagas presupuestos, hazlo automático.

—Si debes hacer un cheque cada semana o meterte a internet para hacer depósitos regulares, tarde o temprano dejarás de hacerlo. Permíteme hacer una pregunta: ¿te consideras una persona ocupada?

—¡Ja! —dijo Zoey—. Nos quedamos cortos.

Henry asintió:

—Claro que eres una persona ocupada. Todos lo son. Supongo que lo último que necesitas es una tarea más, como asignar un presupuesto y mantenerlo semana tras semana. De verdad, es muy probable que no lo logres.

Zoey no pudo argumentar eso.

—La única solución —dijo Henry— es quitarte la decisión diaria de las manos al establecer un sistema automático que trabaje por sí solo en un plano invisible. Así necesitas cero disciplina, cero autocontrol, cero fuerza de voluntad. Sólo ponlo en marcha y déjalo correr.

—No puedes gastar lo que no tienes en la bolsa —agregó Baron.

—Exacto —dijo Henry—. Ésa es la belleza del sistema automático. Cada quincena o cada mes o cada que te paguen configuras con tu jefe que tu contribución al 401(k) se haga al principio y de manera automática, *antes* de las retenciones de impuestos. Así, el balance de tu salario se deposita en automático en tu cuenta bancaria. Eso es todo.

—¿Así de simple? —preguntó Zoey.

—Tiene que ser así de simple, de lo contrario no lo lograrías. Y si no lo haces automático, no sucederá.

—Hazlo automático —murmuró mientras escribía las palabras en su teléfono.

Baron habló de nuevo.

—El gobierno lo descubrió hace años. Hasta la Segunda Guerra Mundial, todos los buenos estadounidenses cobrábamos nuestros sueldos completos y no le pagábamos al Tío Sam (el gobierno) su tajada hasta el siguiente año. El problema fue que no lo planeamos muy bien. No hacíamos un presupuesto —se rió—. Así que trataron (gastando en un montón en campañas) de enseñarnos cómo presupuestar para que pudiéramos pagar impuestos. Y qué sinvergüenzas. ¡Eso tampoco funcionó! Así que el Tío Sam dijo: "Al diablo con eso". Y estableció un sistema simple que sacaba su parte...

—En automático —agregó Henry.

—En automático —repitió Baron—, incluso antes de que llegara a nuestras manitas indisciplinadas. Y como sabes: funcionó. Cada que ganamos un dólar, le pagamos primero al Tío Sam.

—Y de esa manera la Norteamérica corporativa entra en el juego —dijo Henry—. ¿Vas a algún gimnasio, Zoey?

De hecho sí, con caminadora y todo.

—¿El gimnasio carga tu membresía de manera automática a tu cuenta bancaria cada mes?

Ella asintió.

—Lo establecieron el día que me inscribí —agregó Zoey.

—¡Claro que sí! —dijo Baron—. Así opera la mayoría de las compañías en estos días ¡porque funciona!

—Y ése es el *segundo secreto* —declaró Henry—. Entonces, haz lo mismo para ti. De hecho, el gobierno ofrece una alternativa específica para que hagas justo eso, *antes* de que te retengan su parte de impuestos.

—Mi 401(k) —murmuró Zoey.

—Tu 401(k) —coincidió Henry—. Una cuenta de retiro antes de impuestos. También hay otros tipos: cuentas de retiro individual (IRA, por sus siglas en inglés), planes de autoempleo (SEP, por sus siglas en inglés), etc., y otros países tienen la misma idea. Tienen nombres y detalles diferentes, pero todos se reducen a la misma cosa: un lugar donde puedes pagarte primero de manera automática, antes de que se resten los impuestos de tus ingresos.

—Y con eso —dijo Baron mientras empujaba su banco hacia atrás y se ponía de pie—, si me disculpan, damas y caballeros, creo que es tiempo de que compartamos algo de las delicias del Helena's Coffee. ¿Algo para usted, *madame*?

Zoey sonrió.

—Estoy bien, gracias —¿cuándo fue la última vez que alguien le dijo *madame*?

—Su amigo es todo un personaje —comentó Zoey mientras ambos veían a Baron ir al mostrador a buscar comida.

—Sí, lo es —dijo Henry—. Resistente también. Solía estar en el negocio del petróleo, pero esa industria atravesó momentos muy difíciles. Cuando se mudó a Nueva York, encontró un trabajo aquí en una compañía del sector energético, incluyendo las energías renovables, eólica, solar y algunas nuevas. Es fascinante. Hidrógeno, energía térmica… —puso un tono grave en su voz, casi una octava abajo—, cosas que mi papá no reconocería.

Zoey se rió. Tenía una excelente impresión de Baron.

—Bienvenida al futuro —agregó Henry. Miró a Zoey—. Pero aún tienes una pregunta.

—En realidad, sí —dijo Zoey—. Son unas cuantas, supongo, ¿está bien?

—Adelante.

"Muy bien, aquí vamos", pensó. Zoey no quería ser grosera, pero no veía manera de aclarar las objeciones de Jeffrey sin preguntarle a Henry.

—Ayer —comenzó— hablaste de apartar una porción de los ingresos y ponerlos en una cuenta que diera 10% anual.

Henry asintió.

—Me… pregunto sobre eso. Tengo un amigo que dice que ya no existe ese tipo de rendimientos. Que son cosa del pasado.

Henry sonrió y explicó:

—Entiendo. Mucha gente es escéptica al respecto. Pero la realidad es que, desde 1926, el primer año del que se tienen registros confiables, el mercado de valores ha mostrado una ganancia anual promedio mayor a 10%. Claro, la economía sube y baja, tenemos mercados al alza y mercados a la baja. Cuanto ganas en un año determinado depende precisamente del año y en qué lo inviertes. Pero cuando pasa todo el drama y ves el panorama completo, todo se empareja. Los mercados van al alza, luego a la baja, luego al alza de nuevo… siempre. No existe un mercado que vaya a la baja y, de manera reciente, no vaya al alza de nuevo. Tras la Gran Recesión de 2008, la gente dijo que habían acabado los días de hacer dinero en el mercado. ¿Adivina qué hizo el mercado desde entonces?

—¿Ir al alza? —respondió Zoey.

Henry sonrió y agregó:

—Con una ganancia anual mayor a 10 por ciento.

—Wow —exclamó Zoey.

—Históricamente —agregó Henry—, incluso las acciones y bonos más aburridos y conservadores han ganado un sólido 8%. Pero el número exacto no es el punto, Zoey. El punto es ahorrar y dejar que el número crezca solo.

—Ok —Zoey volvió a su conversación con Jeffrey—. Pero todavía pagaré impuestos cuando lo retire, ¿cierto? Entonces termina gravado de todos modos.

—Muy cierto —contestó Henry—. Pero si hoy guardas ese dólar entero para ti, en lugar de dar 30 centavos al gobierno, tienes más para invertir en este momento. El tiempo y el milagro de los intereses compuestos tienen más con qué trabajar, así que va a crecer mucho más. Y no tienes que pagar impuestos anuales mientras crece. Mira —dijo mientras abría su libreta en otra página en blanco—, déjame mostrarte.

Empezó a dibujar una gráfica con unos números y dos líneas largas y curvas.

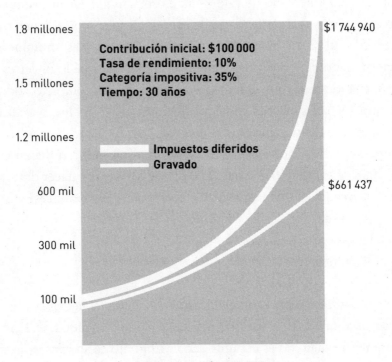

¡Invertir en una cuenta con impuestos diferidos hace una gran diferencia!

Contribución inicial: $100 000
Tasa de rendimiento: 10%
Categoría impositiva: 35%
Tiempo: 30 años

Impuestos diferidos
Gravado

$1 744 940
$661 437

Diferencia: $1 083 503

Una carcajada estridente se oyó desde el frente de la tienda. Zoey volteó y vio que Baron estaba entreteniendo a otros cuatro clientes en la fila con alguna historia o algo así. Todos se reían con él. También estaba el hípster detrás del mostrador.

Ignorando la escena que Baron hacía, Henry empezó a explicar su gráfica:

—Digamos que pones 100 000 en una inversión que paga un rendimiento de 10% anual. En treinta años habrá crecido a cerca de 661 000. Pero si pones los mismos 100 000 en una cuenta con impuestos diferidos por el mismo plazo, se volverían más de 1.7 millones. En otras palabras, casi el triple.

Zoey no comprendió todos los detalles matemáticos, pero entendió muy bien la idea general. "Casi el triple" era bastante claro.

—Cuando no está gravado —agregó Henry—, el dinero crece no sólo más rápido sino de manera exponencial. ¿Así que a quién le importa si pagas impuestos después? Si en realidad quieres pagarlos antes, puedes empezar un plan Roth IRA, donde tu dinero crece siempre libre de impuestos, claro, después de que los pagaste desde un inicio. Pero ¿si tengo una opción entre conservar todo el dinero en mi cuenta ahora y pagar al gobierno después o darles una parte ahora? No sé tú, pero yo preferiría conservarlo todo ahora.

Zoey aún miraba la gráfica.

—¿Por qué no todos saben esto?

Henry se encogió de hombros:

—Es una excelente pregunta. A veces las verdades más simples son las más fáciles de ignorar. O de descartar como… bueno, como no tan simples. No son tan dramáticas. ¿Conoces la expresión de cómo comerte a un elefante?

Zoey tomó un sorbo de su latte y asintió.

—Una mordida a la vez.

—Bueno, de la misma manera construyes una fortuna. Un dólar a la vez. Pero la mayoría de la gente cree que te vuelves rico ganando la lotería, teniendo suerte, cuando un amigo te da un consejo sobre una criptomoneda nueva, con grandes acciones tecnológicas que nadie conoce aún…

Zoey pensó en Jeffrey y su gran plan de lanzar el nuevo Instagram.

—O recibiendo una herencia. Un piano cae sobre esa tía abuela propensa a los accidentes —siguió Henry.

"Qué buena memoria", pensó Zoey con una sonrisa.

—O tal vez encuentras un tesoro enterrado en tu jardín. ¿Y sabes qué tienen esas ideas en común? Todas son versiones disfrazadas de la misma esperanza vaga e infructuosa: algún día seré rico. En las películas, seguro, pero ¿en la vida real? —Henry negó con la cabeza—. Por cada persona que saca un boleto premiado hay millones esperando por uno que nunca llegará. Pidiendo en vano, esperando a que aparezca la buena suerte. Es un cuento de hadas, Zoey, una manera de consolarnos con una fantasía, tal vez para que no tengamos que enfrentar la realidad diaria de nuestra situación.

—Caray —dijo Zoey—. Lo haces sonar tan desalentador.

—Bueno, *es* desalentador. Y así es para un gran número de personas. Es la expresión financiera de lo que Thoreau llama "vida en una silenciosa desesperación". Pero ésta es la cosa, Zoey: no tiene que ser así. La verdad: tu oportunidad está justo aquí, justo bajo tus pies. Ya estás en el puerto. Ya zarpaste. Tú eres la capitana. La pregunta es: ¿qué curso debes tomar? ¿Y qué curso quieres tomar?

—Aquí vamos —la voz de Baron resonó mientras se reunía con ellos y ponía un plato en la pequeña mesa con dos rebanadas de algún tipo de pastel, seguidas de una taza de café que puso frente a Zoey—. Pan de *zucchini* —dijo—. Te traje otro latte, Zoey. Por si acaso.

Henry alzó la vista y observó que la fila se extendía hasta la puerta principal. Entonces, se puso de pie.

—¿Me disculpan? —dijo y fue a pararse detrás del mostrador.

Baron volteó a la bandeja que había dejado en la mesa de al lado. Ahora traía una pequeña taza de cerámica con algo y un expreso caliente para…

Capítulo 7

Mucho ruido, pocas nueces

—¡Baron! —una mujer pequeña y elegante se detuvo al lado de Baron y lo golpeó en el brazo—. ¿Estás molestando a esta pobre chica?

—Zoey —dijo Baron—, conoce a mi media naranja. Georgia, ella es Zoey, amiga de Henry.

Se giró hacia Zoey y dijo en secreto, pero con suficiente volumen para que se escuchara a cinco mesas de distancia.

—No lo entiendo. Se queda ahí, embobada con las mismas fotos con las que se obsesionó la vez pasada. Como si hubieran cambiado cuando no las vemos…

La mujer lo ignoró y miró a Zoey mientras se deslizaba hacia el banco vacío de Henry.

—Baron viene a platicar —dijo—. Yo vengo por el arte. Encantada de conocerte, Zoey. Extendió la mano y agitó con delicadeza la de Zoey.

Zoey se rió.

—Supongo que yo vengo por ambas razones. Y por el café.

—Ah, claro —Georgia estuvo de acuerdo. Mientras Baron probaba su pan de calabaza, ella le soplaba a su expreso para enfriarlo.

—Esa Helena. Tiene algo.

—Si no les molesta que les pregunte —dijo Zoey—, ¿de dónde conocen a Henry?

—Bueno —dijo Baron antes de que su esposa pudiera contestar—, es una historia interesante. Fue hace… ¿quince años?

—Dieciocho —corrigió Georgia.

Baron se encogió de hombros.

—Sí, dieciocho, tal vez, como sea, fue hace mucho. La economía estaba bien, el negocio del petróleo era excelente… ¡Ah! Tiempos dorados. Vivíamos la buena vida. Me creía un hombre de negocios muy astuto. El rey de los campos de Oklahoma. Amo del universo. Para ser claros, era un idiota. Las verdaderas mentes financieras estaban aquí —señaló con un gesto a Georgia—, pero yo era muy terco para verlo.

Se giró hacia su esposa:

—¿Verdad, cariño?

—Sin comentarios —dijo Georgia.

—En Texas tienen esta expresión —continuó Baron—: *big hat, no cattle*, "mucho ruido, pocas nueces", sólo presunción, pero sin nada con qué respaldarla. Así era yo. Me extralimité mucho.

Inclinó la cabeza hacia Georgia, quien tomaba pequeños sorbos de su expreso.

—Y como la arrastré conmigo, creo que es justo decir que *nos* extralimitamos. La economía empeoró. De repente el negocio del petróleo no iba tan bien y los tiempos ya no eran tan dorados.

Volteó hacia Henry, que estaba en el mostrador, ocupado preparando café para los clientes.

—¿Te ha dicho cómo hacer una fortuna?

—Un dólar a la vez —dijo Zoey.

—Resulta que así también es como se pierde una fortuna —dijo Georgia.

—Sip —Baron asintió, después volvió la mirada a Zoey—. ¿Sabes? Ese primer millón es el más difícil de conseguir, pero el más fácil de gastar. Y ni siquiera te das cuenta de qué estás haciendo hasta que ya desapareció. Me pregunto por qué será —se encogió de hombros—. Supongo que sólo pasa —suspiró—. Bueno, un día estoy sentado en calzones en el consultorio del doctor. Él está por ahí usando sus máquinas, sus estetoscopios y demás, escuchando mi corazón, aclara la garganta y dice: "Baron, te voy a decir algo, así que pon atención, ¿está bien?" Y me explica que si no dejo de tomar, fumar y comer cinco kilos de cerdo al día me voy a morir. Le contesto: "Doctor, no lo endulce. Dígame lo que en realidad piensa". Entonces responde: "Baron, tienes una opción, tus vicios o tu vida". Así que me siento en su maldito escritorio y lo observo por un minuto. Al final me pregunta: "Bueno, ¿vas a decir algo?". Y yo: "¡Deme un minuto! Lo estoy pensando".

Echó la cabeza hacia atrás y soltó una carcajada, tan fuerte que algunos clientes voltearon para mirar discretamente de qué se trataba. Otros, sentados en varias mesas cercanas, se rieron entre dientes sin voltear. A Zoey le dio la impresión de que todos eran clientes regulares que ya habían escuchado las historias de Baron.

—Y sí lo pensé. Lo reflexioné durante unos meses. Nunca hice nada al respecto, pero sí lo traía en la cabeza. Sobre todo, pensaba: "¿Está bromeando? ¿Dejar la carne roja? ¿Dejar de fumar? ¿Dejar los cocteles?" Largo de aquí. No es que tuviera un problema con el alcohol en especial. Tenía un problema con todo. Tenía 35 kilos de sobrepeso y ocho toneladas de arrogancia. Era un concurso para ver qué colapsaba primero, mis finanzas o mi matrimonio.

—O tu corazón —agregó Georgia.

—Ah, claro, me olvidaba de eso.

—Oh, oh —dijo ella—. Es probable que también olvidaras tu *bypass*.

—Ah, claro —Baron lanzó una risita—, eso.

Zoey amaba la forma en que interactuaban juntos, como un dúo de comediantes. Y estos dos eran lo suficientemente grandes para ser sus padres. ¿Cuándo fue la última vez que vio reír a sus padres?

—Baron estaba aquí en Nueva York por negocios —dijo Georgia—, cuando tuvo un ataque masivo al corazón. Mientras tomaba el vuelo desde Tulsa, ya lo estaban preparando para la cirugía.

—¿Amor? —parecía que no hablar por diez segundos ponía ansioso a Baron—. Voy a husmear por allá a ver si consigo una taza de café. ¿Zoey?

—Gracias, pero estoy bien —respondió.

Baron se movió con pesadez en dirección al mostrador. Zoey volteó hacia Georgia.

—Así que lo estaban preparando para la cirugía —dijo.

Georgia tardó un momento en continuar.

—Casi… —de pronto Zoey se dio cuenta de que los ojos de la mujer se llenaban de lágrimas—, casi lo perdemos. Viejo necio —se rió y se secó las lágrimas con la pequeña servilleta del café—. No escuchaba a nadie. Ni a los doctores, ni a su esposa, ni siquiera a nuestra hija —respiró hondo y tomó un sorbo de su expreso—, pero sí escuchó a Henry.

—¿A Henry? —Zoey trataba de imaginar cómo el magnate del petróleo de Oklahoma hospitalizado y el encargado del turno vespertino de una cafetería habían cruzado caminos.

—Sí —dijo Georgia—. No podíamos viajar a casa, al menos no de inmediato. Incluso cuando Baron salió del hospital, tuvo que quedarse cerca un tiempo. "No hagas planes para dejar la ciudad", como dicen en las películas. Comenzamos a husmear en las galerías de arte de Brooklyn. Un día paramos aquí por café, nos quedamos por las fotografías de la pared. Conocimos a Henry. Él y Baron se llevaron bien. Y desde el principio Henry comenzó a hacer que entrara en razón.

—¿Sobre dinero?

Georgia sonrió.

—Sobre comida. Estilo de vida. Sobrevivencia, en realidad. Recuerdo la primera vez que dijo: "Construyes tu salud de la misma manera en la que generas tu riqueza, Baron".

Las dos mujeres dijeron la siguiente frase al unísono:

—*Una mordida a la vez.*

Georgia le dirigió una cálida sonrisa.

—Y Baron en realidad lo escuchó —movió la cabeza—. Gracias al cielo por los pequeños milagros. Lo del dinero fue poco después. Para ser más específica, cuando recibimos la cuenta final del hospital. Eso casi me pone a mí en la unidad de cardiología.

Miró a Zoey y le preguntó:

—¿Escuché a Henry decir que ya eres rica, sólo que no lo sabes?

Zoey asintió pensando: "Wow, esta mujer escucha todo".

—Bueno, para nosotros fue al contrario. Estábamos en bancarrota y todavía no lo sabíamos. Nos enteramos poco después —hizo una pausa para otro sorbo, después vio a Zoey de nuevo—. No tenía idea de lo excedidos que estábamos. Siempre dejé que Baron llevara las finanzas. Hasta después de la operación empecé a revisar el correo y ver cómo iban las cosas. Estábamos quebrados. Nuestras viviendas hipotecadas. Montones de tarjetas de crédito tan saturadas como un bosque lleno de árboles y hacíamos el pago mínimo mensual.

Zoey se encogió. Hacer pagos mínimos mensuales era el método patentado de Zoey Daniels para el manejo de tarjetas de crédito.

—Sabía que estaba mal —continuó Georgia—, pero no entendía cómo habíamos llegado a ese horrible punto. Un día Henry me lo explicó: "Georgia, si debes 20 000 dólares en la tarjeta de crédito y sólo haces los pagos mínimos, te llevará dieciocho años pagar la deuda total de más de 46 000 dólares".

—Casi me desmayo. ¡Era más del doble de lo que habíamos gastado con la tarjeta!

—Wow —dijo Zoey.

—Y eso era sólo en una tarjeta —agregó Georgia—. Para salir del hoyo en el que estábamos, tendrías que multiplicar eso varias veces. El milagro de los intereses compuestos. Me imagino que ya has escuchado a Henry hablar de eso, ¿no?

Zoey asintió.

—Bueno, es una navaja de doble filo. Funciona, pero de igual manera perjudica con facilidad. También la deuda puede agravarse y, cuando empieza, crecer muy rápido hasta volverse algo aterrador

—agitó la cabeza—. Yo pensaba que estábamos bien. Pero no lo estábamos. Éramos el ejemplo de *mucho ruido, pocas nueces*.

La mente de Zoey brincó de vuelta al anuncio que vio el lunes en la mañana, el que mostraba un bote varado en el desierto.

Si no sabes a dónde vas, quizá no te guste el lugar donde termines.

—¿Entonces qué hicieron? —preguntó.

—Bueno —dijo Georgia—, Henry nos ayudó a resolverlo todo, poco a poco. Vendimos nuestra ridícula mansión en Tulsa y las dos casas de campo. No obtuvimos mucho de las ventas, una vez que pagamos los préstamos, pero era algo. Nos quedamos con lo suficiente para un pequeño departamento aquí en Manhattan. Nunca volvimos a Oklahoma. Y, poco a poco, empezamos a reconstruir todo.

—Cuando Baron dejó de fumar, descubrimos que eso pagaba *dividendos imprevistos*. No sólo no murió, también redujo una buena cantidad de nuestros gastos mensuales —se rió—. ¿Has escuchado a Henry hablar de su *factor latte*?

Zoey asintió con la cabeza e hizo una nota mental sobre preguntarle a Henry al respecto. Todavía no sabía lo que significaba.

—Bueno —continuó Georgia—, Baron lo llamó su *factor cigarrillo*. ¡Y los puros! —sacudió la mano frente a su cara como si quitara una nube de humo nocivo—. Cuando los dejó, se sintió como una persona nueva al primer mes. La tos de perro se fue y hubo una fuga de dinero menos en nuestro bote financiero. Dejamos de usar las tarjetas. Nos tomó algunos años pagarlas, pero lo logramos. Comenzamos a comprar sólo carros usados. Mi mamá solía decir: "Cuando las cosas se ponen difíciles, las personas fuertes usan efectivo" —sonrió—. Ése era su lema: "Compra usado y paga en efectivo" —tomó un último trago de su expreso y después dejó la taza vacía sobre la mesa—. Te digo otra cosa, Henry no sólo salvó nuestras finanzas y probablemente la vida de Baron, también salvó nuestro matrimonio. Porque empezamos a hablar sobre el dinero, no a discutir por él, hablábamos de él. Entendiendo todo juntos. El dinero casi nos hizo pedazos. Y el dinero se convirtió en el pegamento que nos juntó de nuevo. ¿Estás casada, querida? —preguntó Georgia.

Zoey negó con la cabeza.

—Bueno —continuó—, recuerda esto para el futuro: el dinero es la mayor razón por la que los matrimonios fracasan, pero no es por el dinero en sí, ni siquiera por la falta de él. Es por no hablar de él y no solucionar las cosas juntos. Nunca olvidaré el primer día que nos sentamos y tuvimos una charla honesta sobre dinero, sobre nuestra vida y nuestro futuro. Sobre lo que en realidad queríamos y qué pasos teníamos que dar para llegar ahí. En ese momento estábamos muy quebrados. Pero estar sentada en la mesa de la cocina, hablando con él de corazón a corazón —sonrió—, me hizo sentir la mujer más rica del mundo.

Estuvieron en silencio por un momento.

—Como sea, hemos venido al lugar de Henry desde entonces. Poco después de conocernos, Henry hizo una inversión grande en la compañía de energía donde trabaja Baron. Ahora, con frecuencia, los dos platican sobre una que otra tecnología nueva. ¿Qué pasa? ¿Estás bien, querida?

De pronto, Zoey parecía como si hubiera escuchado un disparo. *Una inversión grande*, dijo Georgia. ¿Una inversión grande? ¿Henry? La mente de Zoey estaba acelerada.

—Espera. ¿Dijiste que han venido al lugar *de* Henry desde entonces? ¿O sea que Henry dirige este lugar?

Georgia estiró la mano y tomó la de Zoey.

—Querida, Henry es el dueño. Él comenzó esto.

—¿Georgia? —era Baron, estaba a un lado de la mesa y señalaba su reloj con el dedo índice.

—Claro —dijo Georgia, mientras se ponía de pie—. Tenemos que ver a nuestra hija en el aeropuerto. Mucho gusto en conocerte, Zoey. ¡Hasta pronto, Henry! —gritó mientras se dirigían a la puerta.

Zoey miraba su latte sin levantar la vista.

Capítulo 8
Mitos del dinero

El cerebro de Zoey era un hervidero mientras viajaba en el tren L rumbo a su trabajo.

¿De dónde sacó la idea de que Henry sólo era el barista? ¿No lo dijo Bárbara? Recordó la conversación durante el descanso del lunes. No, más bien dijo: "El señor más grande que veas ahí, en las mañanas, preparando el café". Eso fue todo. Zoey supuso que Henry era un empleado, basándose en todas las veces que lo había visto sirviendo al otro lado del mostrador y haciendo los expresos de la gente. Y no actuaba como si fuera el dueño.

Aunque Bárbara debería saberlo, ¿no? ¿Por qué no lo mencionó? ¿Y cuál era su objetivo al mandarla a hablar con él? Sintió que tenía que perseguir a su jefa cuando llegara al trabajo para preguntarle.

Pero no lo hizo. De hecho, en cuanto llegó al piso 33, evitó cualquier contacto con Bárbara.

Era jueves y Zoey no había hablado con su jefa desde el lunes. No era por accidente. No quería ser evasiva, le daba miedo la idea de tener *la* plática, la de aceptar el empleo nuevo en la agencia de Jessica en el norte de la ciudad.

No es que ya hubiera tomado la decisión. Por eso también evitaba a Jessica. Aunque tenía que admitirlo, era muy buena oportunidad para dejarla pasar. Estaba cansada del sentimiento de estar corriendo en círculos, sin avanzar, sin ver un final a la vista. Incluso soñaba con eso, ¡por el amor de Dios! Y los préstamos escolares no parecían disminuir con el paso de los meses. Al contrario, sentía que crecían cada mes.

Eso la hizo pensar en lo que Georgia había dicho sobre cómo el "milagro de los intereses compuestos" puede ser un arma de doble filo: *La deuda puede agravarse y, cuando empieza, crecer muy rápido hasta volverse algo aterrador.*

"Ja, dímelo a mí", pensó Zoey. Aunque parecía con certeza que Georgia y Baron habían cambiado las cosas para ellos, y a lo grande. Ayudados, al menos en parte, ¡por los consejos de Henry!

Por lo que veía, él parecía tener muchas respuestas. Pero había algo que faltaba en todo lo que había dicho, algo no encajaba. Y lo que fuera, le molestaba.

Sus pensamientos daban vueltas y vueltas mientras recortaba enunciados, daba forma a párrafos y colocabas las piezas finales del rompecabezas de la edición de primavera.

—¿Ya tenemos hambre?

Zoey giró en su silla. ¿Ya era más de la una?

—Gracias, Bárbara, pero creo que voy a pasar.

Tenía una barra de proteínas en su cajón, suficiente para hoy.

—Es tu decisión —dijo Bárbara.

Zoey se centró de nuevo en su trabajo. Después de un minuto, echó un vistazo sobre su hombro. El rostro de Bárbara seguía ahí, mirándola.

—Entonces, ¿hablaste con Henry?

Zoey suspiró.

—De hecho, sí. Bárbara, ¡¿por qué no me dijiste que es el dueño?!

—Ése es *su* negocio —contestó—, no mío, y como sea, no preguntaste.

—Muy graciosa —Zoey pensó un momento y después preguntó—: ¿por qué me hiciste hablar con él?

Bárbara se encogió de hombros.

—Como dije, él ve las cosas de manera diferente. Repetías una y otra vez sobre todo lo que no te puedes permitir y, para ser honesta, ya estaba cansada.

Zoey se rió y notó un ligero brillo en los ojos de su jefa, casi como si Bárbara se riera de sí misma.

—Además —añadió—, yo no te hice hablar con él. Te alenté, tal vez.

—¿Alentar? —preguntó Zoey.

—Ja —Bárbara hizo una pausa, después dijo—: ¿entonces?

—Entonces ¿qué?

—¿Entonces qué piensas sobre todo lo que Henry, sin duda, te ha dicho en los últimos días?

Zoey suspiró.

—No lo sé… —miró su laptop, después volteó para ver a su jefa de nuevo—. No… no soy muy buena con el dinero.

Bárbara se recargó en la pared del cubículo y agitó la cabeza con delicadeza.

—Zoey, Zoey.

—¿Qué? —respondió Zoey, tratando de no sonar a la defensiva.

—Mira —dijo Bárbara—, por lo general, tengo la regla de no meterme en la vida privada de los miembros de mi equipo. Pero te voy a decir algo que cada mujer necesita escuchar. ¿Está bien?

—Está bien, jefa.

Bárbara odiaba que le dijeran "jefa", pero no mordió el anzuelo.

—Estoy hablando en serio, ¿me vas a escuchar?

—Te voy a escuchar.

Bárbara se acercó, se sentó en la esquina de su escritorio y empezó:

—Los mitos del dinero no te los enseñan ni en las escuelas de periodismo ni en las de negocios.

Echó un vistazo al escritorio de Zoey.

—¿Estás tomando notas?

Zoey giró hacia su laptop, puso ambas manos sobre el teclado y miró de nuevo a Bárbara.

—Los mitos del dinero —repitió—. Lo que no te enseñan en la escuela.

Bárbara asintió y continuó:

—Ok. Primero está la idea de que tener más ingresos te hará rica.

Zoey abrió un archivo nuevo y tecleó un encabezado:

MITO #1:
Haz más dinero y serás rico.

—Seguro Henry ya te habló de esto, ¿no? —dijo Bárbara—. Cuánto ganas casi no se relaciona con si eres o no estable en tus finanzas. La mayoría de las personas piensa que tiene un problema con el ingreso de dinero. No lo tiene. Es un problema de gastos. No me malentiendas, un ingreso saludable es una belleza. Pero perseguir más dinero no es la solución a tus problemas.

Zoey trataba de no revelar nada con la cara mientras tecleaba. Culpa, por ejemplo. ¿De alguna manera Bárbara sabía que estaba considerando ese otro empleo? Tal vez. El mundo de los medios de comunicación en Nueva York era como la secundaria: todos sabían en qué estaban metidos los demás.

—Cuando creces tus ingresos —continuó Bárbara—, sólo tomas los problemas que tienes con el dinero y los haces más grandes porque vienen de tus hábitos financieros. Y éstos no cambian sólo porque crece tu ingreso. La solución para tus problemas con el dinero no es ganar más dinero, es crear nuevos hábitos.

—¿Me sigues hasta aquí?

—Sigo contigo —dijo Zoey mientras tecleaba. Pero no lo hacía, no en realidad. Seguía la lógica de lo que decía, pero no entendía del todo la idea. ¡Su problema con el dinero era que no tenía suficiente! ¿Cómo es que ganar más no solucionaría eso?

—Los ahorros inteligentes y la inversión (no el mayor ingreso) te ponen en un buen lugar de manera financiera en la vida. Esto nos lleva al segundo mito: necesitas tener mucho dinero al principio. ¿Has escuchado el dicho: "Dinero llama dinero"?

Zoey asintió.

—Eso no sólo *es* mentira, es tan falso que se vuelve el Mito #2. Zoey insertó un salto de página y tecleó otro encabezado.

MITO #2:
Dinero llama dinero.

—"No gano lo suficiente para invertir." ¿Sabes a cuántas mujeres he escuchado decir esto? —exclamó Bárbara—. Me dan ganas de gritar. Es como si dijeran: "Si no me cae dinero del cielo, no voy a salir adelante". Como si la seguridad financiera fuera un tipo de club exclusivo con membresías exorbitantes. Nada de eso es verdad. No necesitas un montón de dinero para generar riqueza. ¿Henry te mostró sus gráficas, cinco dólares al día, 10 dólares al día y demás?

Zoey asintió.

—Bueno, no está alardeando. Esos números no mienten. El poder de los intereses compuestos es tan real como grave. Muchas personas que lograron una seguridad financiera lo hicieron exactamente así: *un dólar a la vez.* No requieres una gran inversión para comenzar. Sólo enfrentar tu realidad y decidir hacer algo al respecto. Ya debes dejar de decirte "no soy buena con el dinero" porque no necesitas ser un genio en matemáticas ni un mago de Wall Street. Necesitas la capacidad de ser honesta contigo, un lujo en estos días. Pero no para ti, Zoey. Siempre me ha gustado que no te andas con tonterías. Eres una persona honesta.

Zoey sintió que la cara se le derretía. Quitó las manos del teclado.

—Entiendo tu punto, Bárbara, en serio. Pero, no lo sé... no quiero sentir que mi vida gira alrededor del dinero.

—Claro que no —dijo Bárbara—. Pero ésa no es la idea. La idea es que estés preparada para que tu vida no gire alrededor de la falta de dinero. Y nadie lo hará por ti. Así son las cosas, Zoey. Esto me lleva al siguiente mito, tal vez el más grande de todos: la idea de que, cuando las cosas van mal y los tiempos son difíciles, alguien más (esposo, consejero, un guapo caballero galopando en un corcel o lo que sea) se ocupará de ti y será tu red de seguridad. Que alguien más va a cuidar de ti.

Zoey tecleó.

MITO #3
Alguien más cuidará de ti.

—La gente no dice esto en voz alta —continuó Bárbara—, pero lo dice con sus decisiones y comportamientos. "Mi novio, esposo, padre, asesor financiero se encarga de mis finanzas" o "ah, todo se resolverá solo". Bueno, pues te tengo noticias: él no lo hará y las cosas no se resolverán solas.

Zoey pensó en Georgia Dawson: *No tenía idea de lo excedidos que estábamos.* También en su madre: *Tu padre se encarga de todo eso.*

—No vendrá un príncipe encantador con una bolsa de dinero. Tienes que ser tu propio príncipe, Zoey. Y, por cierto, esto va para mujeres y hombres. El mundo está lleno de hombres esperando que alguien (su abogado, bróker, compañía, el siguiente presidente) arregle su futuro financiero. Y eso no es verdad. Tu riqueza es como tu salud. No sólo pasa, no cuida de sí mientras vas por la vida. No puedes dejar tu salud en manos de alguien más. Lo mismo va para tu riqueza. Ambas están en tus manos. No en las de otra persona.

Zoey terminó de teclear y consideró todo por un momento. Vio a Bárbara.

—¿Pero no dijiste que toda mujer tenía que escuchar esto?

Bárbara asintió.

—Permíteme hablarte de nosotras, las mujeres. En este mundo liberal en el que vivimos, todavía ganamos 20% menos que los hombres. Cuando las empresas hacen recortes de personal afectan más a las mujeres. Ellas pasan unos diez años más fuera de la vida laboral ocupándose de responsabilidades como el cuidado de hijos y padres mayores y, como resultado, acumulan 34% menos en sus cuentas de retiro (en comparación con los hombres) y sus beneficios de seguridad social son muy inferiores. Y escucha esto: como las mujeres viven, en promedio, siete años más que los hombres, y la mitad de los matrimonios termina en divorcio, las probabilidades de que una mujer termine pasando sus "años dorados" por su cuenta son altas. El 80% de los hombres casados mueren casados, ¡80% de las mujeres casadas mueren viudas! Y cuatro de cada cinco viudas en pobreza *no* eran pobres... hasta que su esposo murió.

Hizo una pausa para que Zoey terminara de escribir.

Zoey no sabía por qué estaba escribiendo todo esto. Era muy deprimente. Pensó de nuevo en su madre, en lo cansada que siempre estaba, en los recurrentes dolores de espalda que no había mencionado (pero su padre se lo dijo en una llamada) y ahora una gripa que no podía quitarse. ¿Cómo demonios soportaría si su padre muriera?

—¿Me sigues? —preguntó Bárbara.

Zoey miró hacia arriba.

—Eh, sí. No lo llamarías un punto sutil...

—No —dijo Bárbara—, y tampoco es bonito. Pero es importante. Sé que es difícil para ti verlo en este momento, en tus veintitantos. El concepto de "retiro" todavía se siente muy lejano. Nada de esto parece real, lo sé. Pero de verdad se pasa en un parpadeo. Muchas mujeres de repente despiertan un día y se encuentran solas, en quiebra, con todas sus opciones detrás y piensan: "¿Cómo terminé así?"

La mente de Zoey regresó una vez más a la imagen del lunes por la mañana en la pantalla de LED del West Concourse: la del barco varado en el desierto. Podía imaginar al capitán del bote haciéndose la misma pregunta.

Después, Bárbara la dejó hacer su trabajo. Zoey estuvo inclinada sobre su escritorio como una hora y, de pronto, se dio cuenta de qué le molestaba: tenía una pregunta más para Henry. Era tan obvio, casi se dio un golpe en la frente.

Le había hecho varias preguntas esa mañana. Sobre si el 10% de interés era una expectativa realista. Sobre impuestos. Pero en realidad, ésas eran preguntas de Jeffrey, no suyas. Y en cuanto a su principal objeción, *es un barista de setenta años, ¿él qué sabe?…* bueno, Georgia ya había respondido eso, ¿no? Después de todo, el hombre no era el barista: era el dueño. Y su pequeña tesis sobre "hacerlo automático" solucionaba las preocupaciones de Zoey sobre si algún día tendría la disciplina de "pagarse primero".

Pero en realidad, no era eso lo que le estaba molestando.

Necesitaba hablar con Henry de nuevo.

¿Qué dijo el chico de la cafetería el día anterior, cuando pasó de regreso a su casa? *A la hora que quiere. Casi siempre alrededor de las tres, pero puede ser después o antes.*

Echó un vistazo al reloj de su laptop. Dos quince. ¿Todavía podría alcanzarlo? Tal vez, si salía de inmediato.

Zoey no entendía su urgencia. ¿Por qué importa tanto? Pero tuviera sentido o no, necesitaba hacer esa pregunta y escuchar su respuesta. Y necesitaba hacerlo *ya.*

Guardó su laptop en la mochila y pasó a la oficina de Bárbara para avisarle que saldría temprano.

—¡Me salió algo! —gritó mientras se dirigía al elevador.

Capítulo 9
El *factor latte*

Llegó al Helena's Coffee justo cuando Henry iba saliendo.

—Vaya, vaya —dijo—. ¿Y a qué debo este honor inesperado?

—Tengo… una… pregunta —respondió Zoey, todavía jadeante por correr seis cuadras.

—Claro —volteó a la puerta detrás de él, después sobre Zoey (hacia la esquina que acababa de cruzar) y, luego, hacia ella de nuevo—. ¿Me acompañas por un café?

Zoey estaba a punto de decir: "Después de ti" y seguirlo dentro del Helena's Coffee, pero en vez de eso Henry partió a paso ligero calle abajo. Lo siguió. Cuando llegó a la esquina dio vuelta, después se detuvo en la primera puerta y la abrió para ella.

Estaban en Starbucks.

Zoey dudó y lo miró. *¿En serio?*

—Después de ti —dijo con una sonrisa.

Entraron y se dirigieron al mostrador.

—Un latte alto doble *shot*, por favor —dijo Zoey. Después añadió—: semidescafeinado.

—Un té caliente —dijo Henry—. *English Breakfast.*

Pagó su té y el latte de Zoey (ella objetó, pero él insistió. "De la vieja escuela", pensó con una sonrisa) y tomaron una mesa pequeña al fondo.

—No lo sé —pensó Zoey—. Estar sentados aquí en Starbucks. Parece raro. Un sacrilegio.

Henry se rió.

—¿En serio?

—Bueno —dijo ella, dando un sorbo a su latte—. Supongo que es bueno conocer al enemigo.

Chocó su vaso de cartón contra la taza de cartón de Henry en un brindis sin sonido.

—Por el reconocimiento desde el vientre de la bestia.

Henry lanzó una sonrisa enigmática. Sumergió su bolsa de té en el agua caliente unas cuantas veces.

—Tengo una confesión —dijo Zoey—. Ayer, antes de enterarme de que eras el dueño de la cafetería, estaba tentada a preguntarte: "¿Cómo diablos un barista sabe *los tres secretos de la libertad financiera?*".

Henry escurrió el exceso de agua de la bolsa de té y la puso a un lado, después observó a Zoey con una expresión seria.

—Te refieres a que si esto de "págate primero" de verdad funciona, ¿cómo es que un hombre de setenta años está vendiendo café?

Zoey se sonrojó y bajó los ojos.

—No... me refiero a... —levantó la mirada hacia él de nuevo y le lanzó una sonrisa de arrepentimiento—, bueno sí, supongo. Más o menos.

Henry sonrió y después le sopló a su té para enfriarlo.

—Debería darte un poco de contexto. Cuando comencé con la cafetería, hace más de treinta años, tenía muchos amigos en este vecindario. Ya se fueron todos...

—Lo siento mucho —comenzó Zoey, pero Henry se rió.

—No, no —dijo—, no murieron. Se mudaron. O quebraron. ¿Sabes por qué sigo aquí? ¿Por qué mi negocio sobrevivió?

—¿Porque el café es muy bueno? —respondió Zoey—. No, no sólo eso, es por el ambiente.

Cuando Henry mostró es sonrisa enigmática de nuevo, ella agregó:

—Mmm… ¿una clientela leal que te adora?

Henry se rió.

—Eso es muy amable, gracias. Pero no. Sigo aquí porque *compré el edificio*.

—Compraste el edificio —repitió Zoey.

—Y el edificio de al lado —añadió Henry—. Y después algunos otros más adelante.

En ese punto Zoey estaba asombrada y sin habla. Seguro estaba pensando en la imagen que tenía del "barista excéntrico".

—Básicamente, hay dos tipos de personas, Zoey. Todos gastamos dinero todos los días y, mientras lo hacemos, generamos riqueza. Todos generan riqueza. La única pregunta es: ¿para quién? Mencionaste que tú rentas. Cuando rentas, dejas que la vida te pase. Cuando eres propietario, diriges lo que pasa en tu vida. Cuando eres dueño de tu hogar, te adueñas de tu vida. O, en mi caso, de mi negocio.

Zoey seguía en silencio.

—Por ejemplo, Starbucks. Cuando comenzó, todos pensaban que era una broma y que no duraría. ¿Café elegante y costoso? Ja. Pero sobrevivió, claro, y creció. Pronto las cafeterías de otros vecindarios estaban perdiendo el negocio. Todos mis amigos se enojaron. Trataron de combatir. Cabildearon contra él. Hicieron una campaña contra él.

Hizo una pausa. Zoey sabía lo que tenía que preguntar a continuación:

—¿Y tú?

Henry sonrió.

—Compré acciones.

Zoey bajó su café y lo observó.

—Espera. ¿Acciones de Starbucks? ¿Tú?

—Yo. Mientras todos entraban a comprar su café o se quedaban afuera tratando de boicotearlo, yo compré acciones de la compañía. Me adueñé de la situación, podrías decir.

—Acciones de Starbucks —repitió Zoey.

Henry se acercó y golpeó la mesa con el índice para enfatizar su siguiente punto.

—Si hubieras comprado, digamos, 1 000 dólares de acciones de Starbucks cuando salió al mercado en 1992, ¿sabes cuánto valdrían hoy?

—Ni idea —dijo Zoey.

—Casi un cuarto de millón de dólares.

—¡Wow! —exclamó—. Sí que te asocias con el enemigo.

Henry se rió de nuevo.

—Bueno, podrías verlo de esa forma. Así es como yo lo veo. Cada que alguien viene aquí y compra una taza de café, pasan dos cosas. Están rentando una pequeña parte del negocio. Lo que vale una taza de café. Y, como soy dueño de un pedacito de Starbucks, me hago un poco más rico.

Zoey pensó en lo que dijo.

—Dos tipos de personas.

Henry asintió.

—Exacto. Arrendadores y propietarios. Y lo bello de esto es que puedes escoger qué quieres ser, en cualquier momento. Cuando te pagas primero y pones ese dólar o 10 o 25 para comprar una casa o un negocio o acciones de una compañía o invertir en tu futuro... de alguna forma, estás adueñándote de tu vida.

Sopló a su té de nuevo y agregó:

—La mayoría de las personas renta y presta su vida. Págate primero y hazlo en automático para que sigas haciéndolo, mes tras mes, año tras año y seas dueña de tu vida.

—O en tu caso —añadió Zoey—, de tu negocio.

Él asintió.

—Cuando compré ese edificio lo vi como una inversión en mi vecindario y en mi negocio. Desde entonces, su valor ha aumentado más de un millón de dólares. Pero éste es mi punto: ¿Cómo compré el edificio? Porque te lo juro, no gané la lotería, no escribí una canción famosa, ni encontré un tesoro enterrado en mi jardín.

—Y no asesinaste a tu tía rica, ¿verdad?

Henry sonrió.

—No, no había una tía rica. No, Zoey, yo lo generé, con el tiempo, pagándome primero.

Zoey parecía pensativa. Henry podía ver que algo le molestaba.

—Lo que nos lleva a tu pregunta —añadió.

—Sí —dudó—. Estuve viendo esa tabla otra vez. La que empieza con 25 dólares al día que debo meter en una cuenta de ahorro y, al final, suman más de tres millones de dólares en cuarenta años… La pregunta es: ¿de dónde se supone que salen esos 25 dólares?

—Ah —dijo Henry. Tomó un sorbo con cuidado.

—Afirmas que más ingresos no son la respuesta —continuó Zoey—, pero luego dices que debo quitar un 10% extra de mi sueldo. Más, de hecho, si es en serio lo de una hora diaria, porque un octavo es más de 12%. Y todo es genial en teoría, pero ¿cómo se supone que eso funciona si ya estoy hasta el límite?

Henry asintió.

—Aquí, Zoey —dijo—, aquí es donde entra el *factor latte*.

¡Ah! ¡Por fin iban a hablar del *factor latte*! Sin darse cuenta, Zoey se enderezó en la silla.

Henry metió la mano a su bolsa, sacó un billete de cinco dólares y lo puso en la mesa.

—¿Recuerdas esto?

—Cinco dólares al día —respondió—. El milagro de los intereses compuestos.

—Exacto. Ahora apliquemos la misma idea a tu café.

Zoey miró el latte semidescafeinado que tenía en la mano y luego a Henry:

—¿Mi café?

—Tu café —dijo Henry—. Eso cuesta, ¿qué? ¿Cuatro dólares?

—Cuatro cincuenta —contestó.

—Ok. Parece una cosa inocente, por completo insignificante, ¿no? Pero mira qué pasa cuando el poder de la capitalización entra en juego. Digamos que esos "insignificantes" cuatro cincuenta van a la cuenta de la fotografía de Zoey. Cinco días a la semana, por un

año. Sin factorizar ningún interés para nada, en un año tendrías...
—inclinó la cabeza, calculando—, tendrías cerca de 1 200 dólares.

La observó. Zoey tenía un brillo en los ojos.

—¿Recuerdas cuál era el precio de la foto?

Lo recordaba. Eran 1 200 exactos.

Zoey observó su latte, después de nuevo a Henry. Cuando habló, su voz estaba ronca de la emoción:

—¿Estás diciendo que en un año podría comprar la foto con este latte?

Henry tomó otro sorbo de té.

—Wow —dijo ella—. Es una taza de café muy especial.

Henry se rió entre dientes y añadió:

—Y ése, Zoey, es el *factor latte*.

—El milagro de capitalizar café —murmuró.

Él alzó su té para otro brindis, chocándolo con cuidado contra su latte.

—Por tu foto de Mykonos decorando la pared de tu sala.

Zoey se quedó pensando un momento. Después dijo:

—Así que, ¿adiós latte matutino?

La sonrisa de Henry se desvaneció. Bajó su té, puso ambas palmas sobre la mesa y la miró.

—Zoey —dijo—. Por favor no malentiendas lo que estoy diciendo. No. No estoy diciendo que dejes de tomar lattes. No es sobre el café. El *factor latte* es una *metáfora*. Se trata de cualquier cosa en la que gastas dinero extra que podrías no gastar. Cigarros. Un dulce. Cocteles elegantes. Cualquier cosa. El *factor latte* no implica ser tacaño o negarte cosas. Es sobre tener claro qué es importante. Es sobre las pequeñas frivolidades y extravagancias diarias, cualesquiera que sean, los 5, 10, 20 dólares diarios que podrían redirigir tu futuro. De gastar en ti a pagarte primero. Se trata de renunciar a algo pequeño para obtener algo más grande.

Zoey movió la cabeza con lentitud.

—El punto no es no gastar dinero. Claro que puedes y deberías. La vida es para disfrutarla. Puedes comprarte cualquier cosa que quieras. Ropa bonita, una cena fuera, un *show* en la ciudad. Siempre y cuando te "pagues primero".

Zoey observaba el vaso de café en su mano y recordaba la hermosa fotografía enmarcada en la pared de la cafetería, tratando de conectar las dos en su cabeza.

—Oye —dijo Henry—, ¿harías algo por mí? Sólo cuéntame tu día. Un día típico. Hoy, por ejemplo. ¿Qué hiciste? ¿Qué fue lo primero cuando saliste de tu departamento?

—Tomé un café doble en el Helena's Coffee —dijo en voz baja—. Mi latte de 1 200 dólares.

—¿Y? —sacó un lápiz e hizo una pequeña nota en una servilleta—. ¿Sólo el *latte* o algo más?

Ella arqueó una ceja.

—También un muffin. Por lo general, de pan de pasas y zanahoria o de avena y manzana. El que se vea más nutritivo. Siempre deliciosos, por cierto.

—A dos dólares y 75 centavos, si recuerdo bien —escribió otro número en la servilleta—. Y gracias por el comercial. ¿Después?

—¿Te refieres a en qué más gasté?

—Por favor —dijo él.

—Bueno, en el tren. Son unos cuantos dólares. También 2.75, para ser exactos.

Henry agitó una mano.

—Transporte. En realidad, no es negociable. ¿Qué más?

Zoey pensó en su mañana.

—A veces tomo un descanso alrededor de las diez y voy por un jugo orgánico en el Juice Press que está abajo. Recién hecho.

—¿Y eso cuesta…?

—Siete dólares.

—Siete dólares —repitió Henry, anotándolo—. ¿Qué más?

—Bueno, está el almuerzo. Mi jefa lleva el suyo desde casa, pero yo compro el mío en la cafetería de la empresa. Ahí son otros… —levantó la cabeza, tratando de recordar cuánto gasta por lo general en almuerzo—, otros 14 dólares.

Henry volvió a sus notas.

—¿Y después del almuerzo? ¿Algo?

—No, eso es todo —Zoey pensó por un momento—. Ah espera. También una botella de agua. Un dólar con 50 centavos.

La ceja de Henry se levantó.

—Wow —dijo—. Agua para gente muy sofisticada. Ok.

Escribió de nuevo en la servilleta, después la giró para que Zoey pudiera ver.

—Veamos lo que tenemos hasta ahora.

Latte matutino	$4.50
Muffin	$2.75
Jugo	$7.00
Almuerzo	$14.00
Agua embotellada	$1.50
Total	$29.75

—¿Recuerdas la cantidad que necesitas para pagarte el valor de tu primera hora? —dijo Henry—. La que hace que te retires con más de tres millones en el banco.

—Veinticinco dólares —murmuró Zoey.

Henry asintió.

—Bueno, ya te pasaste de eso. Y todavía no llegamos a tu café de la tarde —señaló con la cabeza el latte semidescafeinado que tenía frente a ella—. Ya sabes, el que te comprará una vista cercana al muelle de Mykonos.

Zoey observó la servilleta.

Henry la levantó y se la entregó.

—Tu *factor latte* —le dijo—. No es que todo eso sea una banalidad. Tienes que comer, como sea. Pero si preparas café en tu casa en la mañana y llevas una fruta a la oficina… ¿Tal vez llevar el almuerzo? Si pudieras redirigir por lo menos la mitad de ese gasto diario a tu cuenta de retiro, sólo ese simple cambio de hábitos te podría construir un ahorro.

Sus palabras le recordaron algo que Bárbara había dicho unas horas antes.

La solución para tus problemas con el dinero no es ganar más dinero, es crear nuevos hábitos.

Tomó la servilleta y la metió en un bolsillo.

—Entonces, ¿tengo que llevar registro de cada pequeño gasto? ¿Hacer una lista cada noche para saber dónde puedo hacer recortes?

Para Zoey, eso sonaba como la peor forma de tortura.

—No, no, no —dijo Henry—. ¡Para nada! El punto es no obsesionarse o llevar registro de cada centavo que gastas por siempre. Recuerda: *los presupuestos no funcionan*. No, el punto del ejercicio es darte un poco de evidencia, demostrarte que *ya* ganas suficiente para generar riqueza.

Ella lo observó.

—Quieres decir que soy más rica de lo que creo —dijo.

—Eres más rica de lo que crees —repitió—. De verdad. Tú, Zoey, ganas lo suficiente, ahora mismo, para ser libre de manera financiera. Sólo que, como la mayoría de las personas, dejas que el dinero se vaya tan rápido como llega. Es como llenar una tina de baño sin poner el tapón y preguntarte por qué no se llena lo suficiente para tomar un baño caliente. Poco a poco, dejamos ir lo que debería ser la semilla de una fortuna, sin pensarlo mucho. Gastamos en cosas que no importan. Compras el café, cuando podrías hacerlo con facilidad en casa. Sales a almorzar todos los días. Agua embotellada. Canales extra de televisión que no ves. Ropa nueva que llena los clósets y no se usa. Recargos por pago tardío que se pueden evitar con facilidad...

Zoey estaba impresionada.

—No se trata de privarte o castigarte. La idea es cambiar tus hábitos diarios... sólo un poco —enfatizó Henry—. Y con ese pequeño cambio, transformar tu destino.

Esa noche, después de comer lo que sobró de una pizza y ensalada griega fresca de Luigi's, Zoey se quedó parada en su pequeña cocina, mirando la cafetera, una máquina de expreso que Jeffrey le había regalado en su último cumpleaños. Casi no la había usado, pero podría, ¿no?

¿Y qué hay del trabajo? ¿Podría tomar el café gratis de la máquina que había ahí, la que tiene muchos tipos de mezclas de café? No veía por qué no.

¿Y el almuerzo? Pensó en la vieja lonchera metálica de Bárbara y suspiró. ¿Cuánto ahorraría Zoey si llevara su almuerzo al trabajo? La idea no la emocionaba. ¿Qué haría, sándwiches de crema de cacahuate y mermelada?

—Ja, ja —le dijo a su pequeño departamento.

Echó un vistazo a la televisión. ¿Cuánto gastaban ella y su compañera de cuarto en esos canales de cable que casi nunca veían? ¿Qué más basura había apilada por ahí? ¿Qué tanto de eso había metido en la tarjeta de crédito? ¿Cuántos intereses se habían acumulado en esas tarjetas? ¿Y si no hacía cada pago a tiempo (que no lo hacía), cuáles eran los recargos por pago tardío?

Zoey gimió. No quería pensar en cuánto costaba todo en realidad. Inclinó la cabeza hacia atrás y habló en voz alta hacia el techo.

—¿Alguien podría resolver esto por mí por favor?

Ja, ja, de nuevo. Mito #3 en acción.

Sacó la servilleta de Starbucks que había guardado en su bolsa, la estiró sobre la pequeña barra y se fijó en el total al final de la columna de números.

$$\$29.75$$

No pudo evitar sentir curiosidad sobre cuánto sumaría.

Sacó su laptop de la mochila, la puso sobre la barra y la abrió. Encontró una calculadora de intereses a largo plazo en internet que le permitió calcular todo lo que ese gasto diario sumaría. Cinco días a la semana por cincuenta y dos semanas, depositados en una cuenta antes de impuestos que generara un interés anual de 10% durante

cuarenta años. Redondeó el total de su *factor latte* diario a 30 dólares, metió los números, después dio clic en CALCULAR.

Se sentó. Estaba pasmada.

Hizo el cálculo una segunda vez. Y después una tercera.

$$\$4\,110\,652$$

Más de cuatro millones de dólares.

—No es real —murmuró.

No parecía posible.

Escuchó la voz de Jeffrey en su cabeza: *¿de dónde vas a sacar el
10%?* Henry ya le había explicado eso. Pero… ¿y si Jeffrey tenía
razón?

Hizo la cuenta una vez más, esta vez bajando la tasa de interés
de 10 a 7 por ciento.

$$\$1\,706\,129$$

¿Qué pasaría si incluso eso fuera muy optimista? Hizo el cálculo de
nuevo, esta vez con sólo el 5 por ciento.

$$\$991\,913$$

Se quedó observando la pantalla, todavía no lo creía. Incluso con el
5%, llegaba casi al millón.

Cerró su laptop y trató de imaginarse haciendo comida y guar-
dándola en una lonchera cada mañana antes de salir al trabajo. Preparando café en el piso 33 del One World Trade Center. ¿De verdad
podría "redirigir" su almuerzo, su latte doble y todo lo demás hacia
un retiro rico?

Sacudió la cabeza, como si quisiera aclarar todas las tonterías.

Pensó en su madre riendo y diciendo: *¡Ni siquiera puedo hacer
un glaseado!* Y en su voz cuando le decía por teléfono: *Oh, Zee, sé
feliz con lo que tienes.*

Guardó su laptop en la mochila que estaba en el suelo.

Se le ocurrió que había abordado su rápida charla con Henry como si fuera un artículo para la revista. Buscando el panorama general, el arco narrativo. Suspiró. Así era como todo esto se sentía con exactitud. Como un artículo que estaba editando. Los pensamientos, las aventuras, el viaje de alguien más.

La vida de alguien más. No la suya.

El teléfono vibró. Un mensaje de Jessica:

¿Nos vemos mañana a las 4 p. m.?

Mañana: viernes. La fecha límite de la oferta de trabajo. Unos tragos con Jessica. Pulgares arriba y manos abiertas por todos lados para celebrar su nuevo empleo.

El teléfono vibró una segunda vez.

Por cierto, ¿ya hablaste con la agencia?
¡Dime que tomaste el empleo! :-) :-)

Zoey observó la pequeña pantalla durante una hora (o así lo sintió). Después tomó con cuidado el teléfono y contestó:

A las 4 mañana :-)

Bajó el teléfono de nuevo, se levantó, se cepilló los dientes y se alistó para ir a la cama. Se acostó viendo hacia el techo.

No se sentía :-)

No, pensó, no :-) para nada. No estaba segura de por qué, pero en ese momento se sentía :-(

Capítulo 10
El tercer secreto

El viernes en la mañana no comenzó bien. Determinada a llevar el almuerzo, Zoey probó su habilidad cocinando algo sencillo como una receta mediterránea que sacó de una columna de su revista. Los esfuerzos no tuvieron buenos resultados, sólo salieron unas incomibles verduras quemadas y un mal humor que empeoraba cada minuto.

Esa noche soñó horrible: la pesadilla de la caminadora de nuevo, pero esta vez estaba suspendida sobre un mar de lava ardiendo. Se tenía que mantener erguida en esa cosa que aceleraba o caería y terminaría quemada. Podía sentir el calor abrasador llegando desde abajo. Pedazos de ceniza caliente volaban a su alrededor y le quemaban la cara y el cabello. Al final lanzó un terrible grito y eso la despertó.

Acostada en la oscuridad total a las tres de la mañana, tomó una decisión.

Cuando entrara la llamada de la agencia de Jessica, le diría que sí.

Después de cerrar la edición de primavera, le pediría a Bárbara que almorzaran juntas (no en la cafetería de la compañía sino en algún lugar fuera del edificio) y entonces le diría. No quería tener esa conversación, pero debía hacerlo. Bárbara podría argumentar cuanto quisiera que más ingreso no era la solución a sus problemas de dinero, y bien podría tener razón, pero seamos realistas: a nadie le cae mal un sueldo mayor.

A la mañana siguiente tomó su bolsa y salió al vestíbulo, se dio cuenta de que llovía y volvió por un paraguas, después salió a tomar el tren L, haciendo lo posible para evitar los charcos mientras se abría paso en el clima miserable. Había salido tarde y no tenía planeado parar a hablar con Henry ese día. Suficiente de las fantasías del millón de dólares. De hecho, tal vez debía saltarse el latte y el muffin matutino y seguir al siguiente tren.

Pero mientras caminaba, no podía evitar revisar en su mente la colección de notas de Henry. Su cerebro de editora no la dejaba en paz.

En la revista, a veces recibía textos bien escritos, pero el tema general era vago y difícil de determinar. Otras veces, el escritor trataba de incorporar muchas ideas o dejaba fuera puntos clave. En ocasiones, el colaborador sugería una idea sólida pero no la desarrollaba bien o no la llevaba a su conclusión natural.

Así que, ¿cuál era la conclusión natural aquí?

Casi llegaba a la estación del tren cuando dejó de caminar de manera abrupta.

—Perdón, perdón —masculló a algunos peatones que chocaron con ella mientras estaba ahí parada.

¿Cómo lo había llamado Henry? *¿Riqueza? ¿Libertad financiera? No es tan complicado. Es un proceso simple de tres pasos. Lo llamo* los tres secretos de la libertad financiera.

Págate primero… Hazlo en automático… Ése era el Dos.

¿Cuál era el *tercer secreto*?

Dio una abrupta vuelta en U y se dirigió hacia el Helena's Coffee.

Diez minutos después el paraguas de Zoey estaba cerrado y boca abajo en el portaparaguas de la entrada principal y Zoey sentada en su banco frente a Henry.

—Ah —decía—. El *tercer secreto*. Muy bien —se sentó y enlazó los dedos en la rodilla—, hablemos de lo que es importante.

—Ok —dijo Zoey—. Dime, ¿qué es importante?

—No —dijo Henry, sonriendo y agitando la mano—. Así no funciona. *Tú* dime a *mí*.

—No estoy segura de a qué te refieres.

—Hemos hablado de ahorros para el retiro como si fueran algo que importara mucho… pero ¿qué tanto, en realidad? Quiero decir, para ti. Sí, sabes que vas a llegar, en medio siglo o algo así. Para mí, los setenta son una realidad. Los estoy viviendo. Pero para ti nada de eso es real, no ahora. ¿Estoy en lo cierto?

Tenía un buen punto. Por más que las imágenes descritas por Bárbara de mujeres desamparadas en su vejez la habían asustado, cuarenta años en el futuro parecía que estaban a una eternidad.

—Así que, apartemos la pregunta del retiro un momento. ¿Qué hay de tu vida? ¿Qué pasa con la vida que sucederá entre este momento y cuatro o cinco décadas en el futuro? ¿Qué hay de tus sueños?

—¿Mis sueños? —Zoey se estremeció. "Ay, no quieres escuchar sobre ellos", pensó.

—No tus pesadillas —dijo con gentileza, como si hubiera leído sus pensamientos—. Tus sueños. Dime algo que siempre hayas querido hacer.

Las palabras salieron antes de que lo pensara siquiera.

—Aprender a tomar fotos hermosas y sorprendentes.

—Clases de fotografía —asintió Henry—. Bien.

—No es una ambición que vaya a encender en llamas al mundo —dijo Zoey.

Henry ladeó la cabeza mientras pensaba.

—No lo minimices —señaló—. Sueños más grandes no siempre son mejores. Un sueño es un sueño. A veces los más simples son los más interesantes. Seguro son más accesibles. Como éste. Quieres tomar clases de fotografía. ¿Por qué no lo haces?

Zoey empezó a hablar, pero Henry la detuvo alzando el dedo índice.

—Espera, hay una condición. No puedes decir: "No lo puedo pagar".

—Ok —dijo Zoey. Pensó por un momento y después dijo—: porque son muy caros.

Henry soltó una risita.

De hecho, había un curso local que tenía muchas ganas de tomar desde hace unos años. No era tan caro, menos de 600 dólares, pero nunca había logrado juntar el efectivo.

—Está bien —dijo Henry—. Veamos esto. ¿Ya obtuviste algún depósito automático en tu 401(k)? —viendo que dudaba agregó—: No, no lo has hecho.

—No —admitió—, pero lo he estado pensando.

Él bajó la barbilla y le lanzó una mirada severa.

—Voy a hacer como que no escuché ese comentario.

Ella dibujó una sonrisa inocente en su rostro.

—Entonces —continuó Henry—, ahora que ya tienes (o una vez que tengas) un poco de dinero entrando a tu cuenta de retiro, necesitas una *cuenta de sueños* separada por completo de tu cuenta de retiro, que sea sólo para financiar esos cursos. Llámala la cuenta para los cursos de fotografía de Zoey, prográmala para que deposites en automático, digamos, 100 dólares al mes. Menos de 3.50 al día. ("Otro latte", no pudo evitar pensar Zoey.)

—¿Cuánto cuesta el curso?

—Como 600 dólares —dijo Zoey.

—Bueno, entonces en seis meses podrías tomar el curso. Sueño conseguido. ¡Adelante! ¿Qué más siempre has querido hacer?

Zoey se congeló. Por alguna razón no se le ocurrió ni una sola cosa.

—Yo... —miró a Henry con ambas manos alzadas—, me quedé en blanco.

—Intenta esto —dijo—. Cierra los ojos un momento.

Lo hizo.

—Respira de manera profunda: inhala... y exhala

Zoey hizo una inhalación profunda y, después, exhaló.

—Muy bien —dijo Henry—. Ahora piensa en alguna etapa de tu vida en la que experimentaste una gran alegría, una dicha completa y desenfrenada.

Zoey inhaló muy profundo y después exhaló con lentitud.

Estaba en el asiento trasero del carro de sus padres, se dirigían al norte. Tenía siete años e iban todos juntos en un viaje a la costa de Maine.

Después recordó a los tres caminando por el borde del océano. El follaje de los matorrales, las águilas volando en el cielo, la costa de piedras grandes y agua helada. El desayuno cuando volvían al hotel. Las moras azules y pequeñas en una explosión de sabor. Y los mejores hot cakes (de mora azul, por supuesto) que hubiera probado en su vida.

—Mmm —dijo con los ojos cerrados—, no había pensado en ese viaje en años.

Describió sus recuerdos a Henry en murmullos: recordaba a los tres en un barco de pesca de langosta. El golpe de las verdes olas era emocionante. La sensación de la madera áspera en su mano cuando el capitán le permitió tomar el timón por unos minutos. Describió todo.

—Nunca antes había estado sobre el agua —dijo.

—Dime, Zoey —escuchó que le decía Henry en voz baja—. Cuando estabas ahí, en ese pequeño bote en la costa de Maine, ¿cómo se sentía? ¿Qué fue lo que más amaste de ese viaje?

Zoey abrió los ojos y volteó hacia Henry. Su mirada tenía un brillo particular.

—Se sintió como una aventura —dijo—. Como si pudiéramos sólo despegar, ir a cualquier lado. Era como volar, ese sentimiento de libertad.

Hizo una pausa y repitió:

—Libertad.

Cerró los ojos de nuevo y pensó en la palabra por un momento.

La Torre Libertad.

La vista de todos los días desde la cafetería de la compañía: la Estatua de la Libertad.

—Creo que tal vez *eso* quiero —murmuró—. No sólo clases de fotografía. Ese sentimiento de libertad. Quiero saber que puedo hacer lo que quiera, ir a donde quiera y cuando quiera —abrió los ojos y se sonrojó—. Supongo que eso suena egoísta. O irreal.

Henry no pestañeó.

—No lo sé, ¿te parece? A mí me parece razonable. Si te pusieron en este mundo para hacer algo especial, para mí tiene sentido que quieras la libertad para hacerlo.

—Supongo. Sí, veo tu punto —dijo Zoey asintiendo un poco.

—Entonces dime, cuando estás en ese pequeño barco en la costa de Maine, con ese sentimiento de libertad, ¿qué te recuerda?

Cerró los ojos de nuevo y cuando estaba de vuelta en el bote, la palabra salió de manera espontánea de sus labios.

—¡Aventura! —abrió los ojos y observó a Henry—. Nunca lo pensé de esa forma, pero eso quiero. La libertad de aventurarme. Ver cosas que nunca haya visto. Ir a lugares a donde nunca haya ido.

Henry asintió:

—¿Y dónde trabajas?

Ella le lanzó una mirada perpleja, después su rostro se relajó y sonrió:

—Ah, excelente punto.

Trabajaba como editora asociada de una revista de viajes, puliendo las palabras que describían los viajes de otras personas.

Las aventuras de otras personas.

—Y puedo preguntar —continuó Henry con voz suave—, ¿qué *tipo* de aventuras? Aventuras que te den… ¿qué?

Zoey cerró los ojos otra vez y pensó en eso. Si pudiera ir a cualquier lugar, hacer lo que quisiera, ¿a dónde iría?

—No haría paracaidismo ni motocross —dijo—. Tampoco alpinismo. Aventuras como viajar para ver los lugares más hermosos del mundo —pensó por un momento y continuó—, no es la emoción, para ser precisos. Es la belleza en ello.

Abrió los ojos.

Henry tenía su lápiz fuera y en una página nueva de su Moleskine había escrito tres palabras:

Libertad. Aventura. Belleza.

—¿Sabes por qué las personas no ahorran? O si lo hacen, ¿por qué ahorran una miseria, nada significativo? Porque no ven el propósito.

Henry señaló las tres palabras que había escrito y continuó:

—Esto es el propósito. La gente habla de tener un departamento más grande, un carro de lujo, una casa para vacacionar o un mejor sueldo. Pero ninguna de esas cosas importa en realidad. Lo que importa es lo que te dan esas cosas.

—Tus sueños, ya sean a corto plazo, como los cursos de fotografía, o a largo plazo, como viajar alrededor del mundo... tus sueños son importantes. Son más que importantes, son como el oxígeno. Sin ellos, tu vida se sofocará. Es probable que esa lista esté incompleta. Tal vez quieras revisarla y agregarle cosas. Pero podrías pensar en éstos como tus valores, decir que esto es lo importante para ti.

Señaló la página de nuevo.

—Así que, ésta es la cuestión. ¿Las acciones que realizas y las decisiones que tomas cada día te traen más de esto? ¿La manera en la que gastas dinero está alineada a lo que de verdad te importa?

Zoey pensó por un momento y después preguntó:

—¿Quieres decir que si me trae dicha completa y desenfrenada?

—A eso me refiero, para ser precisos —dijo mientras sonreía.

Zoey echó un vistazo a la lista de palabras. Por alguna razón pensó en la voz de su madre: *Oh, Zee, ¡sé feliz con lo que tienes!* ¿Lo era?

Observó a Henry de nuevo.

—¿Te molesta si te hago una pregunta personal?

—Por favor.

—¿Qué te trae a ti dicha completa y desenfrenada?

Henry echó la espalda atrás y le lanzó una mirada larga. Al final asintió.

—Bueno, ésa es una excelente pregunta —se levantó—. ¿Me acompañas?

Comenzaron a caminar con lentitud mientras hablaban.

—Hace treinta y seis años un buen amigo me hizo esa pregunta. Nunca me lo había cuestionado y me sorprendí de ver que no tenía una respuesta.

—No era un hombre infeliz. Un arquitecto joven en un buen despacho, buenos prospectos, futuro seguro. Me gustaba el trabajo que hacía, me gustaba la gente con la que trabajaba. ¿Pero en realidad me traía dicha completa y desenfrenada? —sacudió la cabeza con lentitud—. No, tengo que admitirlo, no lo hacía. Trabajaba mucho todos los días para pagar cosas, cosas que ni siquiera me acercaban a la vida que quería en realidad.

—Así que fui con mi jefe y negocié un poco de tiempo fuera. Empaqué algunas cosas, compré un vuelo y me fui a Europa. Al principio, dije que sólo estaba tomando unas semanas para… bueno, para recapacitar. Lo llamé mi *sabático radical* —soltó una risita—. Resulta que nunca regresé a ese empleo.

Zoey lo escuchaba con atención.

—Mis amigos dijeron que estaba loco, que estaba tirando a la basura una buena carrera. Por lo que sabía, tenían razón. Pero por años, Zoey, por años me dije: "Algún día, Henry. Algún día vas a viajar por el mundo, a buscar los lugares más fascinantes, hermosos y extraordinarios del planeta y los vas a capturar". Así que lo hice. Esa idea de que debes posponer lo mejor de tu vida para el retiro, de repente no tenía sentido para mí. Avisé al despacho y viajé las siguientes seis semanas. Cuando regresé a casa, renté una pequeña tienda vacía en mi vecindario favorito y pedí un préstamo.

—Y abriste una cafetería —dijo Zoey.

Henry asintió.

—Comencé a pagarme primero. Apropiándome de mi vida. No pasaron muchos años para que comprara el edificio. Y desde ese primer viaje, cada año me tomo seis semanas para ver el mundo. Durante los últimos treinta y seis años, he ido a más de cien países.

En un instante, Zoey se dio cuenta de algo que estuvo frente a su nariz todo el tiempo. Sintió un escalofrío recorriendo su columna vertebral.

—Las fotos... —susurró—, todas son tuyas.

Henry la observó y sonrió:

—Como dije, ¿esa foto que tanto te atrae? Es mi favorita.

Acababan de llegar ante la imagen del amanecer en Mykonos y los dos se pararon a observarla juntos.

—Recuerdo el día que tomé esa foto como si hubiera sido hoy —la voz de Henry era suave, con una calidad distante—. Momentos después de tomar la foto, volteé, bajé la cámara, me puse en una rodilla y le propuse matrimonio.

—Y ella dijo *sí* —murmuró Zoey.

—Y ella dijo *sí* —asintió Henry.

—¿Helena?

Henry sonrió.

—Helena. Como Helena de Troya, la mujer más bella de toda Grecia. Primero nos conocimos ahí, en ese muelle, unas semanas antes. Fue en ese primer viaje. Mi *sabático radical*. Volvió conmigo a Estados Unidos y bueno...

Hizo una pausa y abrió los brazos en un gesto que abarcó todas las fotos de la cafetería, una seña que parecía decir: "Aquí está".

Helena's Coffee.

—El amor de mi vida —dijo—. Y desde entonces he dicho *sí*.

Zoey por fin entendió lo que la había atraído a esa foto. No era sólo la belleza de la escena. Era la belleza del momento, un instante lleno de amor e infinitas posibilidades, radiante con luz dorada.

Y ahora que lo pensaba, eso era verdad en todas las fotos de ahí, ¿no? Cada una representaba un momento especial de la vida de Henry, un momento capturado para toda la vida.

Y en su siguiente respiro mental, Zoey supo de repente lo que tenía Henry, lo que llevaba varios días tratando de describir, esa cualidad que la hacía querer estar cerca de él, que no sólo la atraía a ella, a Baron y Georgia, a Bárbara y muchos otros también. "Algo casi magnético —recordó que había pensado—, como carisma, pero no sólo eso." No, era una alegría tranquila, una especie de satisfacción. Era una persona parada sobre diez mil momentos, todos vividos de manera espléndida.

No es que fuera ingenioso, de la vieja escuela, excéntrico, encantador o listo.

Era rico.

No sólo rico de dinero. Rico de vida.

—Entonces, ¿éste es el *tercer secreto*? —dijo ella.

Henry sonrió.

—De hecho, sin el *tercer secreto*, los dos primeros no tienen propósito, no sirven… porque es poco probable que los hagas.

Hojeó su libreta hasta la página donde había escrito los primeros dos secretos y ahora añadió una línea más.

3) *Vive rico ahora.*

—Los dos primeros secretos, págate primero y hazlo automático, son el cómo. Éste es el por qué. Averigua qué importa para ti… y síguelo.

—Vive rico ahora. No en un futuro distante. Hoy.

Capítulo 11

El millonario al final del pasillo

El día impactó con toda su fuerza cuando Zoey salió del elevador en el piso 33. Era la fecha límite de la edición de primavera y todos en la oficina trabajaban con frenesí. La lluvia final de biografías y pies de foto, así como escritos de último momento pedían su atención. Atendió todos, uno por uno… pero, mientras lo hacía, sus pensamientos estaban en la conversación con Bárbara a la hora del almuerzo. Todavía no llamaba a la agencia de Jess para aceptar de manera formal la oferta de trabajo, pero eso tenía que suceder hoy. Y antes de que pasara, necesitaba avisar a su jefa que planeaba irse.

Le dolía de sólo pensarlo.

Por fin dio la una de la tarde y Bárbara apareció en su escritorio.

La lluvia había parado, el sol despejaba la neblina y secaba las banquetas. Escogieron un lugar en Tribeca, a unas cuadras de distancia, con mesas afuera. En el camino, ambas hablaron sobre ideas para la edición de verano, que ya se estaba trabajando.

Se sentaron, vieron el menú, ordenaron y platicaron por un minuto o dos, lo máximo que les permitía su tolerancia cuando se trataba de una charla ociosa.

—Entonces —dijo Bárbara tras unos momentos de silencio—, ¿querías hablar sobre algo?

—Sí —respondió Zoey—. Así es —dudó. Tomó un pedazo de pan y lo sumergió en aceite de oliva.

—Ok —dijo Bárbara—. ¿Y debo adivinar de qué se trata?

Zoey se rió.

—Lo siento. Claro que no, sólo que... yo... —se detuvo, bajó el pan y le lanzó a Bárbara una mirada indefensa—, estoy un poco confundida.

Bárbara puso su mano sobre el brazo de Zoey.

—Relájate, Zoey. Soy yo. No muerdo. ¿Recuerdas?

Zoey asintió.

—Es raro, todas estas charlas en la cafetería de Henry sobre dinero, intereses compuestos y riqueza. Me tienen...

—¿Molesta?

—Sí —confirmó Zoey—, molesta.

—¿Por qué? Sólo hablan, ¿no?

—Sí. Sólo hablamos. Se siente como si toda esta plática fuera de otro universo. El otro día conocí a un "barón" del petróleo y dijo algo así como: "la marca más importante es cuando guardas tu primer millón". Y yo estaba ahí, sentada, pensando: "Ah, claro, mi primer millón, lo recuerdo, creo que fue justo cuando me quité los frenos".

Bárbara resopló de risa.

Zoey tomó el pan de nuevo y lo sostuvo en la mano sin morderlo.

—Pero ¿sabes a qué me refiero? ¿Qué estoy haciendo sentada con este hombre hablando de millones de dólares? ¿Por qué estoy siquiera en esa conversación? Ésa no es mi vida. Nunca voy a ser una persona rica.

Bárbara esperó un momento y después preguntó:

—¿Por qué no?

—Porque... —dijo Zoey, tratando de no sonar irritada—, porque otras personas tienen libertad financiera, Bárbara. Gente que puede pagar arte muy costoso. Gente que trabaja en agencias de medios de moda. Gente de la televisión. La gente que lee nuestra revista y viaja por el mundo, a donde quieran, cuando quieran. Otras personas, Bárbara. ¡No yo!

—Ah —dijo Bárbara. Después repitió—. ¿Por qué no?

—¿Por qué no? —exclamó—. Porque tengo muchas deudas por préstamos estudiantiles y no puedo estar al corriente con mis tarjetas de crédito y apenas puedo pagar la renta. ¡Y ni siquiera puedo tomar un almuerzo decente sin afectar mi vida, mi salud o mi propiedad! —su voz temblaba—. Porque soy terrible con el dinero, Bárbara. Porque no crecí con dinero. Porque soy *yo*.

Bárbara estaba en silencio.

—Así que tú dime, Bárbara —dijo Zoey—, ¿por qué? Dime eso. ¿Por qué debería ser rica?

Se dio cuenta de que otros clientes la veían de reojo, pero no le importó.

Bárbara la vio con calma por un momento y después cuestionó de nuevo con voz suave:

—¿Por qué no?

Zoey tomó una honda inhalación, tratando de calmarse.

—¡Ni siquiera sé por qué estoy tan molesta!

Bárbara sonrió un poco ante eso y Zoey no pudo evitar reírse un poco.

—Qué locura, ¿no? —dijo.

Su comida llegó y, mientras les colocaban los platillos, se quedaron sentadas en silencio viendo la corriente interminable de gente que pasaba.

Después de que les sirvieron Bárbara dijo:

—¿Cuántas personas crees que hayan pasado caminando desde que nos sentamos?

Zoey trató de adivinar.

—No lo sé, ¿unos cientos tal vez? ¿Más?

—Sin conocer a ninguna te puedo decir esto: si paráramos a cien de ellos al azar y les hiciéramos una encuesta, veríamos que la mayoría no tiene (o tienen muy pocos) ahorros y algunos se ahogan en deudas. De hecho, algunos de los más elegantes que has visto pasar tienen un balance negativo. Deben más de lo que tienen. Y otros incluso más —dijo Bárbara.

"Mucho ruido, pocas nueces", pensó Zoey.

—Y otra cosa que puedo decirte: ¿sabes cuántos de esos cien se pagan primero, y al hacerlo han sido capaces de juntar un millón o más de valor neto? Tal vez cinco. Ésa es la media nacional: cinco de cada cien. Una persona en veinte.

—¿De verdad?

—Sí —respondió Bárbara—. Ahora: ¿sabes cómo distinguirlos sólo al verlos? Adelante. Velos.

Zoey comió un poco de su ensalada mientras veía la corriente de personas, la mayoría profesionales corriendo de una junta a la otra, entremezclados con grupos de turistas que se mueven como estudiantes de un punto turístico al otro.

Se encogió de hombros.

—Me rindo. ¿Cómo puedo saberlo?

—No puedes —dijo Bárbara—. Yo tampoco. No hay manera. No hay un "tipo". No hay una clase especial o un grupo privilegiado. No hay nada distinto o extraordinario sobre los que son ricos. Lucen como todos los demás. Sólo hacen las cosas un poco diferente. Eso es todo.

—Si digo la palabra *millonario*, ¿qué ves?

—Alguien que luce rico y gasta mucho dinero en lujos —dijo Zoey.

Bárbara soltó una risa.

—Claro que lo ves así. Eso cree la mayoría. De hecho, por lo general, es al contrario. En general, los ricos gastan su dinero en cosas que de verdad les importan, ni más ni menos. Son los *no ricos* quienes gastan dinero en cosas frívolas.

Los *no ricos*. Zoey no creía haber escuchado ese término antes.

—¿Y los individuos con finanzas sólidas? ¿Los millonarios? —continuó Bárbara—, podría ser tu vecino, tu plomero —le dio un mordisco a su almuerzo—, el dueño de la cafetería a la que vas.

Zoey asintió y continuó con su ensalada.

—Eso es cierto —dijo—. Todavía no puedo creerlo por completo, pero sí. O el dueño de la cafetería a la que voy.

Bárbara dio otro mordisco y añadió:

—O tu jefa.

Zoey levantó la mirada de su ensalada, después dejó el tenedor y el cuchillo. Se recargó en el respaldo de la silla y observó a Bárbara. Al final consiguió sacar una palabra.

—¿Qué?

Bárbara suspiró.

—Escucha, no me gusta hablar de esto, así que sólo tú y yo, ¿ok?

Zoey asintió.

—¿Eso de lo que habla Henry? Lo he hecho por décadas, desde que era lo suficientemente grande para recibir un pago. Mucho antes de conocer a Henry.

Zoey buscaba palabras con torpeza.

—Tú. ¿Pero quién…? ¿Cómo…?

Bárbara volvió a comer.

—Así es como me criaron —se encogió de hombros—. Tu barón del petróleo tiene razón, por cierto. El primer millón es una gran marca. De verdad sientes que conseguiste algo. Y lo hiciste. Para el segundo parece mucho más fácil: el milagro de los intereses compuestos de verdad se encarga de eso.

La mente de Zoey estaba acelerada. Su jefa, la directora editorial… ¿Bárbara? ¿Multimillonaria?

—Pero Bárbara —dijo con la voz ronca—, ¿por qué sigues trabajando aquí?

—¿Por qué no? Amo el trabajo, amo a la gente. Como tú, Zoey. Y de vez en cuando llego a tener una conversación como ésta.

Dio otra mordida a su almuerzo

—Habla con Dave, de Recursos Humanos. Él te ayudará a establecer tu 401(k) y aprovecharlo al máximo, te mostrará cuánto pondrá la compañía y todo eso. Te vas a retirar de este lugar rica.

Te vas a retirar de este lugar…

Y con eso, Zoey se estrelló contra la Tierra de nuevo, las palabras le recordaron de manera abrupta la razón por la que le había pedido a Bárbara que comiera con ella. *La* plática. Dejar su trabajo para trabajar en la agencia de Jessica.

Tomó aliento, tratando de sacudirse la revelación de Bárbara y sacar el desagradable tema de una vez.

—Entonces —empezó—, de lo que quería hablar.

Su teléfono vibró. Le echó un vistazo y se sorprendió por el número.

—Espera un segundo —le dijo a Bárbara mientras se ponía el teléfono en la oreja.

—¿Hola? —dijo—. ¿Está todo bien?

Escuchó por un momento, asintiendo con rigidez.

—Claro —murmuró—. Estaré ahí esta noche.

Colgó el teléfono y observó a Bárbara.

—Lo siento, tengo que irme. Es mi mamá.

Capítulo 12
Mamá

Todo el camino hacia la estación Penn, Zoey se iba regañando. Debió ver venir esto. Debió poner más atención.

Subió al tren y empezó el largo camino hacia el norte del estado de Nueva York. *Poughkeepsie, Albany, Schenectady...* Su mamá seguía diciendo: "Estoy bien, Zoey, sólo muy cansada". Debía haberlo sabido. Claro, seguro fue el estrés de cuando corrieron a su padre y esa exhausta mudanza a un lugar más pequeño. Esa gripa, la que seguía diciendo que no se le quitaba. Los dolores de espalda recurrentes. *Utica, Oneida, Syracuse...* "Estaré bien", había dicho. Y Zoey le creyó. Todavía seguía recriminándose cuando el taxi se detuvo frente al hospital donde estaba su madre. La habían llevado a toda prisa tras colapsar de forma repentina a la hora del almuerzo ese día, cuando caminaba rumbo al coche con dos bolsas grandes de comestibles. El hospital donde la dejaron le hizo unos estudios.

No era gripa y su madre no iba a estar bien. No "sólo estaba cansada" y tampoco era estrés. Era cáncer y se estaba muriendo. El doctor dijo:

—Me temo que tiene cáncer en el páncreas. Esa clase de enfermedad muchas veces parece surgir de la nada.

Aunque nada sale de la nada, esto sí lo hizo.

—Debí haberlo sabido —susurró Zoey—. Debí poner más atención.

Zoey respiró profundo y atravesó la gran entrada principal del hospital.

Encontró la habitación y se deslizó a través de la puerta medio abierta, intercambió abrazos apretados y murmuró palabras de consuelo para su padre, luego se sentó en la silla junto a la cama.

—¿Mamá? —susurró.

Los ojos de su madre se movieron con un ligero temblor y se abrieron:

—Mi amor… —entonces cerró los ojos otra vez, luego los volvió a abrir—, no debí cargar tantas bolsas de las compras —agregó con una sonrisa.

Zoey sonrió y sintió un ardor en los ojos.

—Shhhhh —le dijo.

Su madre sintió su mano.

—Zoey —ahora su voz era seria—, siempre te dije que seas feliz con lo que tienes.

—Lo sé, mamá, y de verdad lo soy.

Su madre la acercó hacia sí. La fuerza con que lo hizo sorprendió a Zoey.

—No lo hagas.

—¿Que no haga qué? —se inclinó.

—No, Zee. No te conformes.

—Shhhh —repitió Zoey—. Mamá, debes guardar fuerzas.

—Ayúdame, quiero levantarme —dijo mientras luchaba por permanecer medio sentada contra la cabecera de la cama—. Escúchame: no te conformes con lo que tienes. Amo a tu padre, te amo y no soy una mujer infeliz…

Hizo una pausa, quizá para buscar las palabras siguientes o reunir la fuerza necesaria para completar la idea. Zoey no estaba muda.

—Pero… —continuó—, hubiera querido hacer tantas cosas.

—Mamá…

—Calla. Escúchame. No quiero morir con arrepentimientos, Zee. Prométeme que no vivirás tu vida a la mitad. Prométeme que la vivirás toda, plena.

—Mamá…

—Promételo —dijo su madre apretando su mano con tanta fuerza que le dolió.

—Te lo prometo —respondió con la vista nublada de lágrimas.

Para sorpresa de todos (en especial de los doctores), a la mañana siguiente la madre de Zoey estaba mucho más fuerte que el día anterior.

—Estable —dijo su papá cuando Zoey bajó las escaleras para entrar en la pequeña cocina—. Los doctores señalaron que no está fuera de peligro. De hecho, no creen *que eso* pase. Pero por el momento, de todos modos, está mejor de lo que pensaban.

Ella y su padre alternaron turnos para quemar la comida en la cocina e ir al hospital, y hablaron mucho durante la noche. Su mamá dormía la mayor parte del tiempo.

Durante todas esas horas sentada al lado de la cama de su madre, Zoey tenía mucho tiempo para pensar. Recordaba la conversación con Henry del viernes en la mañana. Cuando le preguntó qué era para importante para ella, respondió: *libertad*, *aventura* y *belleza*.

Ahora se daba cuenta de que había dejado algo fuera de la lista. Algo muy importante.

¿Por qué no pasó más tiempo con sus padres en los últimos nueve o diez años? Bueno, había estado ocupada. Trabajaba ocho o nueve horas al día, a veces más. Además de todo el trabajo que se llevaba a casa para hacerlo en la noche. Pero ¿para qué exactamente? ¿A dónde se fueron todas esas horas? Y si no habían construido lo que era importante para ella, si no alimentaron lo que importaba… entonces ¿de qué servían? ¿Cuál era el punto?

Es probable que esa lista esté incompleta —dijo Henry—. *Tal vez quieras revisarla y agregarle cosas.*

Tenía razón.

Libertad. Aventura. Belleza. *Familia.*

El domingo su papá le compró un boleto de regreso a la ciudad de Nueva York, con la promesa de llamarle de inmediato si había algún cambio.

—Estamos bien por ahora. Debes regresar. Necesitas estar ocupada.

—¿Ocupada? ¿Haciendo qué?

Le dio un abrazo fuerte y largo, luego la soltó y le plantó un beso en lo alto de la frente.

—Cumpliendo tu promesa.

Capítulo 13

La Torre Libertad

El lunes en la mañana se abrieron las puertas del vagón del metro y Zoey se volvió una gota en el océano de viajeros que se derramaban en el Fulton Center, llevándola por el pasillo de azulejos grises al enorme espacio abierto del Óculo.

"En fotografía —pensó mientras atravesaba los 180 metros de mármol italiano, blanco y puro—, el *óculo* es donde pones la cámara. Porque primero ves la imagen, la ves con el ojo de tu mente."

Pasó el escritorio del *concierge* independiente con su muestra exagerada de flores recién cortadas. Hoy la selección era de puras rosas y lirios de Madonna, todas blancas.

Dónde estás parado y qué ves desde ahí, es la clave para hacer una buena fotografía porque crea la perspectiva que quieres. ¿Entiendes a qué me refiero?

—Creo que sí —susurró mientras caminaba.

Pensó de nuevo, por centésima vez, en las palabras de su madre: *Pero hubiera querido hacer tantas cosas.*

Entró al pasillo del West Concourse y caminó junto a la enorme pantalla de LED. Hoy mostraba un gran paisaje, un hermoso amanecer morado y naranja sobre una cordillera impresionante en el suroeste de Estados Unidos.

Hizo una pausa en su camino para ver el mensaje del anuncio que se desplazaba por la pantalla tamaño estadio de futbol.

¿Sabes cómo hacer tus sueños realidad?
Comprándolos... un dólar a la vez.

Subió a las escaleras eléctricas que la llevaron dos pisos arriba al atrio de cristal iluminado por el sol. Salió y giró hacia West Street, el sol le dio en los ojos, frente al edificio donde trabajaba. Echó la cabeza hacia atrás y miró arriba, sus ojos buscaban algo...

Hoy podía distinguir la punta del edificio como si se alargara hasta el cielo.

Esa mañana Zoey se reunió con Dave de RH. La acompañó a configurar su 401(k). Fue más fácil de lo que pensaba. También le dio unas sugerencias para poner en práctica su nuevo plan. Esa noche, cuando llegó a casa, se metió a internet y estableció dos nuevas cuentas de ahorro en su banco, las llamó: CUENTA DE CURSO DE FOTOGRAFÍA y CUENTA DE AVENTURA. En cuestión de minutos (siguiendo las sugerencias de Dave), también configuró que su nómina se depositara de forma automática en su cuenta de cheques y las dos transferencias pasaran en automático a las dos cuentas nuevas.

Las cantidades eran pequeñas, pero estaban bien. Con el tiempo las aumentaría.

La noche anterior, tras despedirse de su padre y abordar el tren, Zoey descubrió que las conversaciones con Henry le habían dado mucho más que sólo un nuevo plan financiero. Ahora tenía una sensación de claridad sobre el propósito de su vida y lo que de verdad le importaba. Ahora veía que ella, como Henry en su juventud, trabajaba durante horas y horas al día para pagar cosas que no la acercaban a la vida que de verdad quería vivir.

Y cuando se dio cuenta, entendió que quizá no necesitaba tanto dinero como pensaba para empezar a vivir esa vida. Tal vez no necesitaba ganar más. Quizá sólo debía aclarar qué estaba haciendo con el dinero que ya ganaba.

En el tren a casa le escribió un texto a Jessica:

*Jess, muchísimas gracias por la maravillosa oportunidad,
pero decidí pasar. Estoy feliz en la Torre Libertad.*

La verdad, Zoey era feliz en su trabajo, amaba lo que hacía y a sus compañeros. Sólo necesitaba hacer algunos cambios.

Tras reunirse con Dave, buscó a Bárbara y le dijo que quería tomarse un tiempo para viajar (así como Henry). Para tener sus *sabáticos radicales*. Significaba que estaría ausente una vez al año para una publicación completa, pero podría llevar su laptop y tal vez trabajar de manera remota. ¿Bárbara sería capaz de trabajar con este plan y le ayudaría a que funcionara?

Cuando terminó la presentación de su propuesta, su jefa guardó silencio por un momento. Luego se encogió de hombros, con su característico rostro inexpresivo, y dijo:

—Está bien. Con una condición.

—¿Cuál?

—Que me mandes postales.

Esa noche Zoey tuvo un sueño.

Iba vagando de forma lenta a lo largo de la costa de Maine, comiendo moras azules de una cubeta.

—¡Mira! —decía su madre, señalando.

—*Haliaeetus leucocephalus* —agregaba su padre—. El águila calva.

Zoey levantaba la vista, se protegía los ojos del sol con una mano y veía a la enorme ave dibujar un arco en el cielo y girar alrededor de los últimos pisos de una inmensa torre mientras ésta se alargaba hacia las nubes y más arriba.

Despertó y se quedó recostada. Mirando hacia arriba en la semioscuridad, se preguntó por qué su departamento estaba tan silencioso. Tardó un minuto en descubrirlo.

De hecho, el lugar en sí no estaba más tranquilo de lo normal. Era el ruido dentro de su cabeza el que, de repente, se había callado. Ese constante y tácito sentido de preocupación. Como un zumbido de refrigerador al que estás tan acostumbrado que olvidas que está ahí… hasta que de pronto se apaga con un clic, dejando un silencio repentino.

Sonrió en la semioscuridad.

En cierto sentido, nada era diferente. Las cuentas de depósito automáticas que había abierto ese día no habían formado una fortuna en las doce horas que llevaban de creadas. Pero *se sentía* diferente. Sólo saber que ahora irían a su paso, mes tras mes, año tras año, hizo que su eterna ansiedad hiciera ¡plop!, y se rompiera como una burbuja.

Zoey se rió en silencio, luego volvió a cerrar los ojos. Durmió de corrido hasta la mañana siguiente. Al despertar, no recordaba la última vez que se había sentido tan fresca y renovada. Había dormido como muerto, por así decirlo…

"No —pensó, arregla esa frase—. Dormí como un ser libre."

Capítulo 14

Mykonos

Tres años después...

El sol se asomó sobre unas pequeñas colinas distantes, sus alargados rayos emitían un resplandor ámbar dorado que provocaba brillos como joyas. Zoey levantó su cámara y tomó una ráfaga de tres fotos. Luego bajó la cámara y se quedó observando. Filas de casas pequeñas y encaladas serpenteaban a lo largo de las calles empedradas, sus puertas y ventanas azul rey salpicaban el paisaje como manchas de mora azul. Una bandada de gaviotas de pico rojo cruzó su vista. Escuchó el crujido de las gruesas cuerdas cuando el barco de pesca llegó al muelle.

¿De verdad tenía treinta años? Apenas podía creerlo. Los últimos tres años se habían ido tan rápido... como un viaje en el tiempo o un truco de la luz. Y aun así, habían pasado tantas cosas en este tiempo. Se volvió cliente regular en el Helena's Coffee. Ahora Georgia Dawson era su amiga. Y su vida entera se había transformado.

Su mamá sorprendió a los doctores al aguantar seis meses más. Zoey fue al norte del estado muchas veces para visitarla en las instalaciones donde la cuidaban y las dos pasaron más tiempo juntas en esos seis meses que en los últimos años. Henry llamaba a esto *tiempo extra* y Zoey pensó que era el nombre exacto.

Aunque esta dulce mejoría no duró para siempre. Cuando su madre falleció, su padre vendió la casa y con el dinero recibido, más la liquidación del seguro de vida, compró un duplex en un vecindario acogedor de Brooklyn. *Adueñándose*, como decía Henry. Zoey y su padre se mudaron a esta nueva y minúscula casa. Cada uno tenía habitación propia, en el caso de Zoey, también sirvió como un pequeño estudio donde podía escribir y hacer yoga. Por las tardes estudiaba para su curso de fotografía. Tal como Henry predijo, sólo tardó seis meses en ahorrar para la inscripción.

Pagar las tarjetas de crédito le tomó un poco más. Una vez que aprendió a configurar los pagos de sus facturas básicas (para que salieran de su cuenta de cheques en automático cualquier día del mes que eligiera), agregó los pagos de los mínimos de sus tarjetas de crédito. Esto no sólo le quitó otro peso de encima, sino que también le sorprendió (y emocionó) ver cuánto ahorraba al no pagar intereses ni recargos por pago tardío.

Un *factor latte* bastante decente.

Siguiendo una sugerencia de Henry, pronto agregó otro pago mensual y automático a cada tarjeta, programado dos semanas después de los pagos mínimos correspondientes. Los dos juntos fueron como un par de hachas afiladas sobre el tronco de un árbol: en veintidós meses el árbol cayó y los balances de sus tarjetas llegaron a cero. No más pagos de tarjetas. Más *factor latte*.

El préstamo universitario… bueno, ése es un proyecto a largo plazo. Tomaría varios años. No había problema. Lo lograría.

La luz estaba cambiando. El resplandor ámbar dorado empezó a palidecer. Más ruidos del pequeño barco. Levantó su cámara y tomó unas cuantas fotos más.

Zoey no sólo encontró su *factor latte* en las tarjetas de crédito y los préstamos. Las matemáticas básicas que Henry garabateó en la servilleta de Starbucks resultaron ser bastante precisas. Y, milagro de milagros, con la ayuda paciente de Georgia, Zoey aprendió a cocinar.

—Es justo como la fotografía —le dijo Georgia—, sólo que, al terminar de preparar la toma, te la comes.

Éste comentario hizo reír tanto a Zoey que casi se le sale el latte por la nariz. Pero la cantidad que ahorró preparando sus almuerzos no era cosa de risa. Al igual que la de los *dividendos imprevistos* de Baron cuando dejó de fumar. Su *factor cigarrillo*, pensó con una sonrisa.

Zoey canceló los canales *premium* que nunca veía (*factor latte*) y la membresía del gimnasio al que nunca iba (*factor latte*). Regaló la ropa que nunca usaba y tiró los catálogos que la seducían a comprar más (*factor latte*). Mientras tanto, su cuenta de ahorro para el retiro empezó a crecer al igual que su cuenta de aventura.

Ahora el pueblo empezó a agitarse conforme el sol iba subiendo, grado por grado. Escuchó fragmentos de conversaciones tranquilas de los pescadores preparando sus botes. La hora dorada pronto pasaría.

Tomó otra foto, luego otra y una más. Hizo una pausa y observó la cámara en sus manos. Era hermosa. Un regalo de cumpleaños adelantado de Georgia y Baron. Se la dieron unos días antes de que saliera de Estados Unidos, ya que no estarían con ella el verdadero día de su cumpleaños.

El cual, por cierto, era hoy.

Ésta era la última parada en su viaje de seis semanas por las islas griegas. Todo el tiempo estuvo tomando notas y, justo el día anterior, había mandado su historia. Bárbara le escribió esa noche para darle una noticia: publicarían su artículo en el próximo número (con algunas de sus fotos) ¡como un reportaje! Regresaría a trabajar con un ascenso. Ahora Zoey no sólo era editora asociada, sino también columnista. Bárbara terminó su correo con esta breve despedida:

> Feliz cumpleaños, Z.
> Tu jefa
> P. D.: Lindas postales

Éste fue el tercer viaje anual de Zoey (su tercer *sabático radical*). El año anterior se aventuró al oeste de Mississippi por primera vez en su vida y pasó cinco semanas en las montañas del suroeste de Estados Unidos, desde Sedona, Arizona, hasta Las Cruces, Nuevo México. Ahora, algunas de las fotos tomadas en ese viaje adornaban las paredes del Helena's Coffee.

El segundo sabático fue asombroso, pero ni siquiera las Red Rocks de Sedona podrían superar la magia del primer sabático. Aquel otoño, poco después de despedirse de su mamá por última vez, su padre y ella pasaron juntos cuatro semanas en la costa de Maine. Comieron moras azules silvestres, fotografiaron águilas calvas haciendo sus nidos en los ríos, salieron en barcos de pesca de langosta. Se contaron historias de los años pasados, reviviendo momentos de la mamá de Zoey, compartiendo esas fotografías vivas enmarcadas en el tiempo y capturadas con los lentes de sus corazones. El viaje no costó mucho (lo cual fue bueno porque Zoey estaba ahorrando para las islas griegas), pero fue la experiencia más rica y maravillosa que había tenido.

Antes de partir a Grecia le preguntó a su padre:

—Si pudieras ir a cualquier parte del mundo, ¿a dónde te gustaría ir?

—A Alaska —respondió sin dudarlo ni un segundo.

—Tenemos una cita, papá. Empieza a empacar porque nos vamos el próximo año.

Le dio un sorbo a su café griego y observó cómo el pequeño pueblo cobraba vida bajo el sol del mar Egeo. Tomó la cámara entre sus manos otra vez y la levantó hacia su ojo (su óculo) para tomar otra foto.

—*Sí* —susurró.

Zoey Daniels hoy cumplía treinta años y hasta donde sabía, era la mujer más rica del mundo.

LOS TRES SECRETOS DE LA LIBERTAD FINANCIERA

1. Págate primero.

2. No asignes presupuestos, hazlo automático.

3. Vive rico ahora.

Una conversación con David Bach

David, entiendo que la charla de Zoey con su madre en el lecho de muerte, sobre vivir sin arrepentimientos, está basada en la última conversación que tuviste con tu abuela, Rose Bach, antes de morir. ¿Podrías compartirnos su historia? ¿Cómo influyó en tu vida y trabajo?

Mi abuela Rose fue una mujer extraordinaria. A los treinta años tomó la decisión que cambiaría el destino de nuestra familia para siempre: decidió que ya no quería ser pobre.

En aquella época trabajaba en la tienda Gimbels en Milwaukee, Wisconsin, vendiendo pelucas. Ni ella ni mi abuelo Jack tuvieron educación universitaria. Eran los clásicos empleados del medio oeste de Estados Unidos. Trabajaban duro y vivían al día. Su vida era una lucha constante. Pero mi abuela soñó que su vida podía ser mejor. Así que, empezando en su cumpleaños número treinta, le dijo a mi abuelo: "Es hora de que arreglemos nuestras vidas. Es tiempo de ponernos a ahorrar".

Juntos empezaron a ahorrar un dólar a la semana. Literal, un dólar. Comenzó a llevar su almuerzo al trabajo. Sus amigos se burlaban: "¡Ay, Rose, eres tan tacaña! ¡Ven a comer con nosotros!". Al principio se sentía triste, pero sabía por qué estaba ahorrando. Quería salir de Milwaukee en el invierno (hacía mucho frío). Deseaba ser capaz de, algún día, retirarse a un lugar más cálido.

Con el tiempo, a través del ahorro y la inversión, se volvió millonaria. Y me transmitió todo su conocimiento y amor por las inversiones. Cuando tenía siete años, me ayudó a comprar mi primera acción (de McDonald's, que en aquella época era mi restaurante favorito). Se convirtió en mi primera mentora financiera. En resumen, sus enseñanzas moldearon mi vida, carrera y propósito.

Mi primer libro, hace más de veinte años, fue *Las mujeres inteligentes acaban ricas*, dedicado a ella y a las lecciones que me enseñó. Empecé a escribir ese libro en 1997 y mi abuela sabía que estaba trabajando en ello. Por desgracia, ese año, a la edad de ochenta y seis años, mi fuerte y saludable abuela, una mujer que bebía jugo verde y caminaba ocho kilómetros diarios, que sobrevivió una década a mi abuelo y que salía con tres hombres tres noches a la semana (no lo sabíamos, ¡nos enteramos en su funeral!)… tuvo un derrame cerebral.

Tras el accidente cerebrovascular, la mudamos de Laguna Beach, California, a una residencia de ancianos especializada. El lugar se encontraba en el Área de la Bahía, a un kilómetro y medio de la oficina y la casa, para poder visitarla y vigilar sus cuidados todos los días. Recuerdo las últimas visitas como si fueran ayer.

—Abuela, ¿tienes alguna otra lección para mí? ¿Algo que no me hayas dicho?

—No, te he compartido todas mis enseñanzas de vida. Te va a ir muy bien —respondió después de pensarlo un momento.

—¿Te arrepientes de algo?

—No, de nada —y enumeró todas las cosas por las que se sentía agradecida.

A la mañana siguiente fui a visitarla de nuevo y le pregunté:

—¿Cómo dormiste?

—Terrible. Estuve toda la noche despierta, pensando en los arrepentimientos de mi vida… ¡gracias!

Nos reímos y entonces tomó mi mano mientras me contaba sus cinco arrepentimientos, recordando desde que era adolescente. Luego dijo:

—David, ahora quiero que me escuches con mucha atención. Mis arrepentimientos personales no son una lección. La lección es por qué los tengo. En cada uno de los momentos que acabo de compartirte, mi vida había llegado a una bifurcación en el camino y tuve que tomar una decisión: ¿elegir el camino seguro donde ya conozco el resultado o tomar la ruta arriesgada (donde espero encontrar verdadero oro, pero el camino es incierto)? ¿Me arriesgo a obtener lo que quiero? En cada uno de esos momentos específicos, instantes de los que ahora me arrepiento, tomé el camino seguro. Y ahora estoy aquí muriendo y nunca sabré lo que pudo haber pasado…

—Pero abuela —interrumpí—, ¡has tenido una vida asombrosa!

Apretó mi mano más fuerte (aunque estaba muy débil) y dijo:

—David, no te arrepientas de nada en la vida. Arriésgate. Y recuerda esto: cuando encuentres una bifurcación en el camino escucharás dos voces. La voz del niño grande que dice: "Ve por el camino seguro", y la del pequeño que dice: "¡David, ve por aquí! ¡Será divertido! ¡Vamos a intentarlo!" Esa voz, la del niñito, la que está emocionada y quiere jugar… déjala salir. Y diles a tus amigos que hagan lo mismo.

Ésa fue nuestra última charla.

Regresé a la oficina, metí el auto en el estacionamiento subterráneo y lloré durante mucho tiempo. Al final, miré hacia arriba, al espejo retrovisor, me incorporé, sequé mis lágrimas y dije:

—Estoy bien. No pasaré el resto de mi vida como asesor financiero de una compañía importante. Terminaré de escribir *Las mujeres inteligentes acaban ricas* y dedicaré mi vida a ayudar a la gente de una forma más grande. No sé cómo, pero te prometo, abuela, que dentro de tres años estaré fuera de aquí alcanzando mis sueños. Dejaré que mi niñito salga y juegue.

De hecho, me tardé cuatro años, no tres. Pero sucedió. Justo cuatro años después de ese momento, dejé la gran compañía de servicios financieros donde trabajaba y me mudé de California (donde estaban toda mi familia y amigos) a Nueva York, con la esperanza de escribir más libros y ayudar a millones de personas con las enseñanzas de mi abuela Rose sobre cómo vivir rico y terminar rico.

No fue fácil, de verdad fue duro. Y muchas cosas salieron mal a lo largo del camino, pero no me arrepiento. Mucho salió mejor de lo que soñé. *Las mujeres inteligentes terminan ricas* se volvió un *bestseller* y, hasta la fecha, ha vendido más de un millón de copias. Cinco años después salí en *El show de Oprah Winfrey*, alcanzando a decenas de millones con mi mensaje.

Ese deseo de no arrepentirme continúa con este libro.

Durante años, desde que aparecí en *Oprah* enseñando el *factor latte*, quise escribir un libro pequeño como éste que explicara el *factor latte* en una historia simple que cualquiera pudiera leer en pocas horas, incluso personas que nunca leen libros sobre finanzas. Pero por desgracia mi editor no estaba tan entusiasmado. Al final, después de siete libros, mi editor seguía rechazando la idea, así que decidí escribir el libro de todas formas y encontrar un nuevo editor. Justo eso sucedió. Y ahora está en tus manos.

Cuando la madre de Zoey le dice: "No vivas tu vida *a la mitad*. Vívela *toda*" es el detonador que motiva a Zoey a dejar de vivir asustada, pequeña y salir a buscar una vida de riqueza (lo cual tiene muy poco que ver con el dinero y mucho que ver con una vida sin arrepentimientos).

El *factor latte* nunca se trató sobre el café, ni siquiera sobre el dinero. Siempre fue una metáfora para motivar e inspirar a las personas para que vivan sus sueños.

Sin arrepentimientos. Deja que tu "niñita" o "niñito" salga a jugar.

Puedes empezar hoy.

¿Qué sigue? ¿Estás trabajando en otro libro?

Tiendo a escribir un libro, luego me prometo a mí y a mi esposa (quien ya aprendió a ignorarme en esto) que fue todo, que nunca escribiré otro libro. Y cuando por fin está terminado, con frecuencia sale otra idea.

Así que la respuesta corta es sí, sí planeo escribir otro libro y va a ser muy divertido. Algo diferente por completo.

Noventa días después de lanzar *El factor latte* me mudaré al otro lado del Atlántico para pasar un año con mi familia en Italia. Estoy comprometido a vivir una vida sin arrepentimientos. Quiero que mis hijos tengan la experiencia de vivir en Europa y viajar al extranjero antes de que vayan a la universidad y construyan su vida. Si todo marcha conforme lo planeado, para cuando leas esto estaré viviendo en Florencia, comiendo pasta, bebiendo vino y disfrutando un *gelato* diario con mis chicos y mi esposa. Y claro, escribiendo otro libro que será sobre las memorias de mi *sabático radical*. Justo como Zoey.

Tal vez haga un blog y un podcast desde allá. Podrás unirte al viaje en www.davidbach.com.

Incluiste unas tablas y gráficas muy buenas, ¿tienes alguna sugerencia para usarlas?

Al principio verás algunas tablas que resaltan el milagro de los intereses compuestos. La primera, "El valor temporal del dinero", me motivó a ahorrar a los veinte años. Después incluí una que muestra las tasas de interés desde 2 hasta 12% (ve a la página 133), para que veas la diferencia que hacen estos rendimientos en la rapidez con la que crece tu dinero. Al final, hay una gráfica que me dejó alucinado la primera vez que la vi, como a los veintitantos años. Muestra el rendimiento anualizado de las inversiones desde 1926 (ve a la página 134). ¡No les creas a los críticos que te dicen que invertir en el mercado de valores ya no funciona!

Después de eso, encontrarás unas hojas de trabajo que te ayudarán a poner manos a la obra. A la primera la llamo "El reto del *factor latte*®". Durante un día, lleva este libro contigo a todas partes y registra tu *factor latte*. Sólo un día. No cambies nada de tus gastos, sólo sé tú. Compra como lo haces normalmente. Luego, revisa y suma todos esos gastos. Haz las cuentas: calcula cuánto podría valer ese ahorro diario si cambiaras algunas cosas.

En el día dos, realiza "El reto del *factor latte* doble". No lo hablamos en el libro, pero es simple: escribe lo que pagas mensualmente, luego súmalo y piensa qué consumos puedes bajar o eliminar para reducir tus gastos más rápido.

Si éste es mi primer libro de los que has publicado, ¿cuál me recomiendas para seguir leyendo?

Sin duda te diría que primero leas *El millonario automático*. A todo el mundo le digo que empiece con ese libro. Es el más popular hasta ahora. Es una lectura rápida y fácil que te enseñará lo necesario para convertirte en millonario *sin* un presupuesto. Después, si eres mujer, lee *Las mujeres inteligentes acaban ricas* y, si tienes pareja, *Smart Couples Finish Rich*. Estos libros te ayudarán a explorar tus valores, sueños y metas en la vida; además te dirán cómo construir un plan financiero personal para convertirlos en realidad. Hace poco los tres fueron actualizados con mucho cuidado y dedicación en sus ediciones estadounidenses, así que, si los compras en inglés, asegúrate de conseguir las versiones renovadas.

¡Desearía haber leído este libro hace treinta años! ¿Qué pasa si tengo cuarenta, cincuenta o más? ¿Es muy tarde para aplicar los principios del **factor latte***?*

La respuesta corta es: nunca es tarde para vivir rico y terminar rico, siempre y cuando empieces hoy.

Escribí mi libro *Start Late, Finish Rich* justo para el tipo de gente en tu posición: personas que ahorraron muy poco, usaron demasiados préstamos o se desviaron por los imprevistos de la vida. Empezar tarde no significa que estás condenado a un futuro incierto. Nunca es tarde para vivir tus sueños. Sólo se necesita la decisión de empezar.

El milagro de invertir y ahorrar es que el dinero no conoce tu edad. Sólo son matemáticas. Digamos que tienes cincuenta años y estás casado. ¿Puedes ahorrar 10 dólares diarios? ¿Y tu pareja? Genial, son 20 al día, multiplicado por 365 días al año = 7 300. Inviente eso, gana el 10% y en veinte años tendrás 461 696 (casi medio millón de dólares).

Duplica la cantidad, cada uno ahorra 20 dólares diarios y serán 14 600 al año; inviértelo al 10% y en veinte años tendrás casi un millón de dólares.

La parte más importante de un plan de recuperación es trabajarlo, no preocuparte por él. Estás donde necesitar estar, ¡ahora es tu momento de empezar!

¿Algún último pensamiento? ¿Cómo te pueden contactar tus lectores?

Lo más importante, ¡gracias por estar aquí y leer esto!

Una sugerencia: el increíble viaje que atravesó Zoey es un ejemplo de "no tienes que hacerlo solo". Zoey encontró mentores e hizo amigos nuevos que la ayudaron y apoyaron con sus sueños y vida nueva. Recomiendo que formes tu equipo "Vive rico ahora", es decir, que encuentres otros como tú que se inspiren a hacer el viaje del *factor latte* contigo.

Una forma maravillosa de empezar es hacer un grupo de lectura donde todos lean *El factor latte*, luego se reúnan y lo comenten. Pueden enfrentar juntos los retos del *factor latte* y apoyarse en sus sueños. Esto puede cambiarte la vida cuando lo haces con otros que amas o al encontrar amigos nuevos como tú que quieren vivir una vida más rica (y hacerlo juntos).

Si este libro te inspiró, mándame un correo a success@finishrich. com. No prometo una respuesta personal, pero sí leer cada mensaje. Amo a mis lectores y de verdad me conmueve escuchar cada una de sus historias. El éxito de mis lectores usando el *factor latte* en su vida me ha mantenido en el viaje de hacer lo que hago durante casi veinticinco años.

Y por favor visítame en www.davidbach.com. Ahí encontrarás un podcast del *factor latte* en inglés: es la continuación de esta entrevista, escúchalo para recibir más ideas geniales. También tenemos un boletín informativo que escribo cuando me siento inspirado; es mi forma de estar en contacto con los lectores. Es gratis y no te llenamos de *spam* ni de cosas para comprar (claro, hasta que saque un nuevo libro *sonríe*).

Ahora, pon a trabajar este pequeño libro en tu vida.

¡Sin arrepentimientos!

Apéndice: gráficas y tablas

EL VALOR TEMPORAL DEL DINERO
Más vale invertir ahora que después

SUSAN				KIM		
Empezando a invertir a los 19 años (con 10% de rendimientos anuales)			¿VES LA DIFERENCIA?	**Empezando a invertir a los 27 años** (con 10% de rendimientos anuales)		
EDAD	**INVERSIÓN**	**VALOR TOTAL**		**EDAD**	**INVERSIÓN**	**VALOR TOTAL**
19	$2 000	$2 200	¿	19	$0	$0
20	2 000	4 620	V	20	0	0
21	2 000	7 282	E	21	0	0
22	2 000	10 210	S	22	0	0
23	2 000	13 431		23	0	0
24	2 000	16 974		24	0	0
25	2 000	20 871		25	0	0
26	2 000	25 158		26	0	0
27	0	27 674	L	27	2 000	2 200
28	0	30 442	A	28	2 000	4 620
29	0	33 486		29	2 000	7 282
30	0	36 834		30	2 000	10 210
31	0	40 518	D	31	2 000	13 431
32	0	44 570	I	32	2 000	16 974
33	0	48 027	F	33	2 000	20 871
34	0	53 929	E	34	2 000	25 158
35	0	59 322	R	35	2 000	29 874
36	0	65 256	E	36	2 000	35 072
37	0	71 780	N	37	2 000	40 768
38	0	78 958	C	38	2 000	47 045
39	0	86 854	I	39	2 000	53 949
40	0	95 540	A	40	2 000	61 544
41	0	105 094	?	41	2 000	69 899
42	0	115 603		42	2 000	79 089
43	0	127 163		43	2 000	89 198
44	0	130 880		44	2 000	100 318
45	0	153 868		45	2 000	112 550
46	0	169 255		46	2 000	126 005
47	0	188 180		47	2 000	140 805
48	0	204 798		48	2 000	157 086
49	0	226 278		49	2 000	174 094
50	0	247 806		50	2 000	194 694
51	0	272 586		51	2 000	216 363
52	0	299 845		52	2 000	240 199
53	0	329 830		53	2 000	266 419
54	0	362 813		54	2 000	295 261
55	0	399 094		55	2 000	326 988
56	0	439 003		56	2 000	361 886
57	0	482 904		57	2 000	400 275
58	0	531 194		58	2 000	442 503
59	0	584 314		59	2 000	488 953
60	0	642 745		60	2 000	540 048
61	0	707 020		61	2 000	596 253
62	0	777 722		62	2 000	658 078
63	0	855 494		63	2 000	726 086
64	0	941 043		64	2 000	800 895
65	0	1 035 148		65	2 000	883 185

GANANCIA FUERA DE LA INVERSIÓN $1 019 148

GANANCIA FUERA DE LA INVERSIÓN $805 185

SUSAN GANA	$1 019 148
KIM GANA	$805 185
SUSAN GANA MÁS	$213 963

Susan invirtió una quinta parte, pero tiene 25% más.
¡EMPIEZA A INVERTIR CUANTO ANTES!

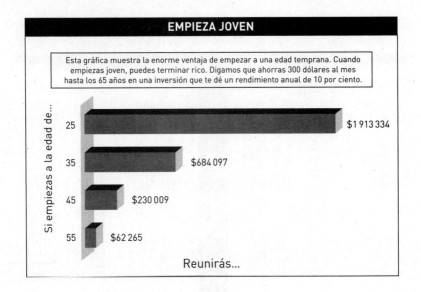

EMPIEZA JOVEN

Esta gráfica muestra la enorme ventaja de empezar a una edad temprana. Cuando empiezas joven, puedes terminar rico. Digamos que ahorras 300 dólares al mes hasta los 65 años en una inversión que te dé un rendimiento anual de 10 por ciento.

Si empiezas a la edad de...

25 — $1 913 334
35 — $684 097
45 — $230 009
55 — $62 265

Reunirás...

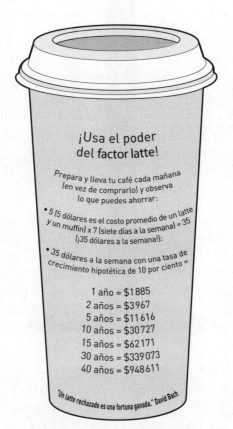

¡Usa el poder del factor latte!

Prepara y lleva tu café cada mañana (en vez de comprarlo) y observa lo que puedes ahorrar:

• 5 (5 dólares es el costo promedio de un latte y un muffin) x 7 (siete días a la semana) = 35 (¡35 dólares a la semana!):

• 35 dólares a la semana con una tasa de crecimiento hipotética de 10 por ciento =

1 año = $1 885
2 años = $3 967
5 años = $11 616
10 años = $30 727
15 años = $62 171
30 años = $339 073
40 años = $948 611

"Un latte rechazado es una fortuna ganada." David Bach

ENTRE MÁS JOVEN EMPIECES, MÁS GRANDES SERÁN TUS AHORROS
(Suponiendo una tasa anual de 10% de rendimientos)

Inversión diaria	Inversión mensual	10 años	20 años	30 años	40 años	50 años
$5	$150	$30 727	$113 905	$339073	$948 612	$2 598 659
$10	$300	$61 453	$227 811	$678146	$1 897 224	$5 197 317
$15	$450	$92 180	$341 716	$1 017 220	$2 845 836	$7 795 976
$20	$600	$122 907	$455 621	$1 356 293	$3 794 448	$10 394 634
$30	$900	$184 360	$683 432	$2 034 439	$5 691 672	$15 591 952
$40	$1 200	$245 814	$911 243	$2 712 586	$7 588 895	$20 789 269
$50	$1 500	$307 267	$1 139 053	$3 390 732	$9 486 119	$25 986 586

UNA CAJETILLA DIARIA DISMINUYE TU FONDO DE AHORRO PARA EL RETIRO
(Suponiendo una tasa anual de 10% de rendimientos)

Una cajetilla al día cuesta	En un mes se convierte en	10 años	20 años	30 años	40 años	50 años
$7	$210	$43 017	$159 467	$474 702	$1 328 057	$3 638 122

EL AGUA EMBOTELLADA ES UNA FORTUNA DESPERDICIADA
(Suponiendo una tasa anual de 10% de rendimientos)

Precio promedio de una botella de agua	En un mes se convierte en	10 años	20 años	30 años	40 años	50 años
$1	$30	$6 145	$22 781	$67 815	$189 722	$519 732

¿CUÁNTO DINERO TENDRÍAS QUE AHORRAR DIARIO PARA SER MILLONARIO A LOS 65?			
Inversiones diarias o mensuales recomendadas para juntar $1 000 000 a los 65 años. Tasa anual de crecimiento de 10%			
Empezando a la edad de	Ahorros diarios	Ahorros mensuales	Ahorros anuales
20	$4.00	$124.00	$1 488.00
25	$6.00	$186.00	$2 232.00
30	$10.00	$310.00	$3 720.00
35	$16.00	$496.00	$5 952.00
40	$26.00	$806.00	$9 672.00
45	$45.00	$1 395.00	$16 740.00
50	$81.00	$2 511.00	$30 132.00
55	$161.00	$4 991.00	$59 892.00

El propósito de esta tabla es compartirte cuánto dinero tendrías que ahorrar diario, mensual o anualmente, con una tasa de rendimientos de 10% para acumular un millón de dólares a los 65 años.

CRECIMIENTO DE LOS AHORROS SI DEPOSITAS $100 MENSUALES

Dependiendo de la tasa de rendimiento, poner sólo 100 dólares al mes en una cuenta de intereses compuestos y luego dejarla... puede generar unos ahorros tan grandes que te sorprenderás.

Tasa de interés	5 años	10 años	15 años	20 años	25 años	30 años	35 años	40 años
2.00%	$6 315	$13 294	$21 006	$29 529	$38 947	$49 355	$60 856	$73 566
3.00%	6 481	14 009	22 754	32 912	44 712	58 419	74 342	92 837
4.00%	6 652	14 774	24 691	36 800	51 584	69 636	91 678	118 590
5.00%	6 829	15 593	26 840	41 275	59 799	83 573	114 083	153 238
6.00%	7 012	16 470	29 227	49 435	69 646	100 954	143 183	200 145
7.00%	7 201	17 409	31 881	52 397	81 480	122 709	181 156	264 012
8.00%	7 397	18 417	34 835	59 295	95 737	150 030	230 918	351 428
9.00%	7 599	19 497	38 124	67 290	112 953	184 447	296 385	471 643
10.00%	7 808	20 655	41 792	76 570	133 789	227 933	382 828	637 678
11.00%	8 025	21 899	45 886	87 357	159 058	283 023	497 347	867 896
12.00%	8 249	23 234	50 458	99 915	189 764	352 991	649 527	1 188 242

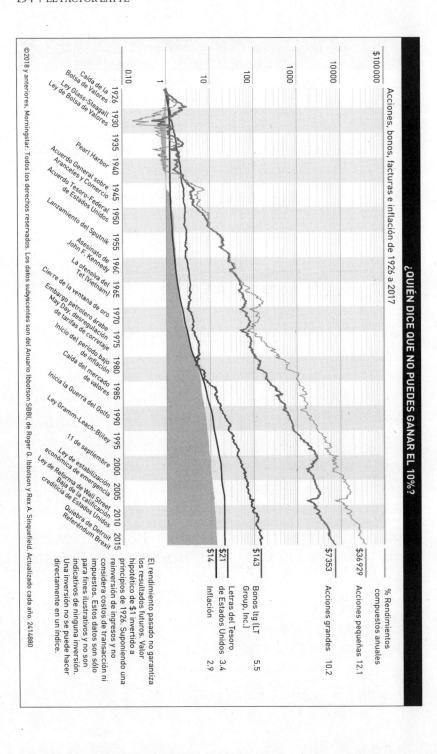

¿QUIÉN DICE QUE NO PUEDES GANAR EL 10%?

Acciones, bonos, facturas e inflación de 1926 a 2017

	% Rendimientos compuestos anuales
$36929	Acciones pequeñas 12.1
$7353	Acciones grandes 10.2
$143	Bonos ltg (LT Group, Inc.) 5.5
$21	Letras del Tesoro de Estados Unidos 3.4
$14	Inflación 2.9

El rendimiento pasado no garantiza los resultados futuros. Valor hipotético de $1 invertido a principios de 1926. Suponiendo una reinversión de ingresos y no considera costos de transacción ni impuestos. Estos datos son sólo para fines ilustrativos y no son indicativos de ninguna inversión. Una inversión no se puede hacer directamente en un índice.

Eventos marcados:
- Caída de la Bolsa de Valores
- Ley Glass-Steagall
- Ley de Bolsa de Valores
- Pearl Harbor
- Acuerdo General sobre Aranceles y Comercio
- Acuerdo Tesoro-Federal de Estados Unidos
- Lanzamiento del Sputnik
- Asesinato de John F. Kennedy
- La ofensiva del Tet (Vietnam)
- Cierre de la ventana de oro
- Embargo petrolero árabe
- May Day, desregulación de tarifas de corretaje
- Inicio del periodo bajo de inflación
- Caída del mercado de valores
- Inicia la Guerra del Golfo
- Ley Gramm-Leach-Bliley
- 11 de septiembre
- Ley de estabilización económica de emergencia
- Ley de Reforma de Wall Street
- Baja de la calificación crediticia de Estados Unidos
- Quiebra de Detroit
- Referéndum Brexit

EL RETO DEL *FACTOR LATTE*®

DÍA _____   FECHA _____

	Ítem Lo que compré	Costo Lo que gasté	¿Dinero desperdiciado? (✓ para sí)
1			
2			
3			
4			
5			
6			
7			
8			
9			
10			
11			
12			
13			
14			
15			

Mi *factor latte* total: (costo total de los ítems revisados)

= [   ]

LAS MATEMÁTICAS DEL *FACTOR LATTE*

Mi *factor latte* de un día   =   _____

Mi *factor latte* de un mes   =   _____ (*factor latte* x 30)

Mi *factor latte* de un año   =   _____ (*factor latte* x 365)

Mi *factor latte* de una década   =   _____ (*factor latte* x 3,650)

SI INVIERTO MI *FACTOR LATTE* DURANTE:

10 años, valdría   =   _____

20 años, valdría   =   _____

30 años, valdría   =   _____

40 años, valdría   =   _____

CALCULA TU *FACTOR LATTE*

Para calcular el número de arriba entra a www.davidbach.com, da clic en *Latte Factor* y usa la calculadora.

¡LIBERTAD! MI REGALO PARA TI

Para ganarte una taza gratis de *El factor latte* comparte tu experiencia sobre este libro. Envía un correo electrónico a success@finishrich.com. Cuéntanos que pasó cuando aceptaste el reto. ¿Cuánto dinero encontraste? ¿Qué aprendiste? ¡Seleccionaremos un ganador cada semana!

EL RETO DEL *FACTOR LATTE* DOBLE

Calcular tu *factor latte* doble significa buscar no sólo en tus gastos diarios, sino en aquellos gastos semanales, mensuales, temporales o anuales para descubrir ítems y servicios grandes y pequeños que puedes eliminar o reducir para ahorrar más.

	Ítem o servicio	Costo	¿Dinero desperdiciado?		Cantidad ahorrada	Cantidad ahorrada al mes
	Lo que compré o compro	¿Cuánto gasté o gasto?	✓ si se puede eliminar	✓ si se puede reducir	Puedo ahorrar X cantidad haciendo Y	
Ejemplo de ítem	Bagel con queso crema y un café chico	$3.50		✓	$2 diarios si como en casa	$60
Ejemplo de servicio	Dos celulares, uno para mí y uno para mi pareja	$200 mensuales incluyendo todas las tarifas extras		✓	$50 mensuales al cambiar mi plan	$50
1						
2						
3						
4						
5						
6						
7						
8						
9						
10						
11						
12						
13						
14						
15						
Mi *factor latte* doble total (cantidad total que puedo ahorrar mensualmente)						$

Agradecimientos

Primero quiero agradecer sinceramente a mis lectores. Nada de lo hecho en mi vida sería posible sin su amor, ánimo e interés por mis escritos. Durante el último año de gira, ha sido un honor conocer a miles de ustedes en eventos y escuchar sus historias personales. Les agradezco mucho que estén aquí.

En este libro, mi pequeña lista de agradecimientos incluye a mis extraordinarias agentes: Jan Miller y Lacy Lynch. Dos décadas, señoras, y aún seguimos trabajando. Gracias por creer en mí y en este mensaje y por ayudarme a encontrarle un hogar. Gracias a mi abogado, Stephen Breimer, por dos décadas de protección, asesoría y cuidados. Nada de lo que he hecho sería posible sin este equipo.

A John David Mann, mi coautor de clase mundial. Gracias por escucharme hablar de este libro durante una década y por creer que podríamos hacerlo cuando yo estuviera listo. Trabajar contigo ha sido un verdadero placer creativo. Hay mucho más.

A nuestro equipo editorial en Atria /Simon & Schuster. A Sarah Pelz, nuestra editora, que se conectó de forma emocional con esta historia y es la campeona del libro: gracias por preocuparte tanto. A Libby McGuire, nuestra editora, y a todo el equipo de Atria, incluyendo a Suzanne Donahue, Lindsay Sagnette, Kristin Fassler, Dana Trocker, Lisa Sciambra, Milena Brown y Melanie Iglesias

Pérez: gracias por todo lo que hicieron y harán para que este libro se vuelva un éxito global.

A Paulo Coelho. En una cena en Ginebra me preguntaste: "David, ¿ahora qué escribirás?". Cuando te conté mi sueño para este libro sonreíste y dijiste: "Entonces, ¡tienes que escribir tu libro!" No tienes idea de cómo tu sonrisa sencilla y mirada sincera al decir esas palabras guiaron estas páginas. Estoy siempre agradecido por esa noche y por tu inspirador libro *El alquimista*.

Y por último, a mi familia. A mi abuela Rose Bach: tu inspiración y amor guiaron mi carrera y la vida que tengo. Te extraño todos los días. A mis padres Bobbi y Marty Bach, quienes siempre me animaban y preguntaban: "¿Cuándo vas a escribir *El factor latte*?". Gracias por siempre estar ahí para mí, son los mejores padres que un niño podría pedir. A mi esposa, Alatia Bradley Bach: aquel momento en que te pedí que empezaras una nueva vida conmigo y dijiste "sí" fue el día más afortunado de mi vida. También tú me escuchaste hablar sobre este libro durante diez años y nunca me preguntaste si lo haría... sino ¡cuándo! Gracias por tu amor. A mis dos hijos, Jack y James: ser su padre ha sido la mayor alegría de mi vida. Sé que éste será el primer libro que lean. Espero que siempre escuchen sus corazones, a sus "niñitos" y vayan por sus sueños. Sin arrepentimientos, hijos míos. ¡Su padre los ama ahora y siempre!

Sobre los autores

DAVID BACH es uno de los autores de libros y expertos financieros más confiables de nuestro tiempo. Escribió nueve *bestsellers* consecutivos (incluyendo dos #1) de The New York Times y once nacionales en Estados Unidos, con ventas de más de siete millones de copias en más de diecinueve idiomas. Su *bestseller* #1, *El millonario automático*, estuvo treintaiún semanas en la lista del *New York Times*. Es uno de los únicos autores comerciales en la historia que han tenido cuatro libros al mismo tiempo en las siguientes listas de *bestsellers*: *Wall Street Journal, BusinessWeek* y *USA TODAY*.

En los últimos veinte años, David ha inspirado a decenas de millones de personas a través de sus seminarios, conferencias y miles de apariciones en medios. Colaboró en el programa *Today* de la NBC (donde salió más de cien veces), en *El show de Oprah Winfrey,* ABC, CBS, Fox, CNBC, CNN, Yahoo!, *The View*, PBS y muchos más.

David es fundador de FinishRich Media y cofundador de AE Wealth Management, uno de los RIA (asesores de inversión registrados, por sus siglas en inglés) de más rápido crecimiento en Estados Unidos, con más de seis mil millones de dólares en activos en su plataforma (hasta diciembre de 2018). Con regularidad, da conferencias en todo el mundo sobre cómo vivir una vida rica. Cuando no está trabajando, adora esquiar con sus dos hijos y viajar con su familia.

Para saber más, por favor visita su página de internet www.davidbach.com.

JOHN DAVID MANN es coautor del amado clásico *Dar para recibir*, el cual vendió casi un millón de copias en veintiocho idiomas y recibió dos premios: la medalla de oro de Axiom Business Book Awards y la medalla Evergreen de Living Now Book Awards por su "contribución positiva al cambio global". Además de ser coautor de la serie Go-Giver con Bob Burg, también es coautor de tres *bestsellers* de *The New York Times* y cuatro nacionales en Estados Unidos. Tom Peters en *The Washington Post* dijo que *Take the Lead* (el libro que escribió con Betsy Myers, la antigua consejera de la Casa Blanca) era "el mejor libro de liderazgo de 2011".

Cuando era estudiante, John dirigió un grupo de amigos para hacer que su escuela fuera exitosa. Después de ser violonchelista y compositor premiado, creó una organización de ventas multimillonaria de más de cien mil personas antes de dedicarse a la escritura y la edición. Sus libros han vendido más de tres millones de copias en más de treinta idiomas. Está casado con Ana Gabriel Mann y se considera el hombre más afortunado del mundo.

Para saber más visita www.johndavidmann.com.

OTROS LIBROS DE DAVID BACH

En español:

El millonario automático

El millonario automático: dueño de casa

Las mujeres inteligentes acaban ricas

Finanzas familiares

En inglés:

Smart Couples Finish Rich®

The Finish Rich Workbook

The Finish Rich Dictionary

The Automatic Millionaire Workbook

The Automatic Millionaire Homeowner

Start Late, Finish Rich

Go Green, Live Rich

Fight for Your Money

Start Over, Finish Rich

Debt Free for Life

OTROS LIBROS DE JOHN DAVID MANN

En español:

Lo más importante: una historia sobre liderazgo y persuasión positiva

Dar para recibir

En inglés:

Go-Givers Sell More

The Go-Giver Leader

The Go-Giver Influencer

The Recipe

The Red Circle

Among Heroes

Total Focus

Mastering Fear

Flash Foresight

Take the Lead

Real Leadership

The Slight Edge

The Secret Language of Money

El factor latte de David Bach y John David Mann
se terminó de imprimir en febrero de 2020
en los talleres de
Litográfica Ingramex, S.A. de C.V.
Centeno 162-1, Col. Granjas Esmeralda, C.P. 09810,
Ciudad de México.